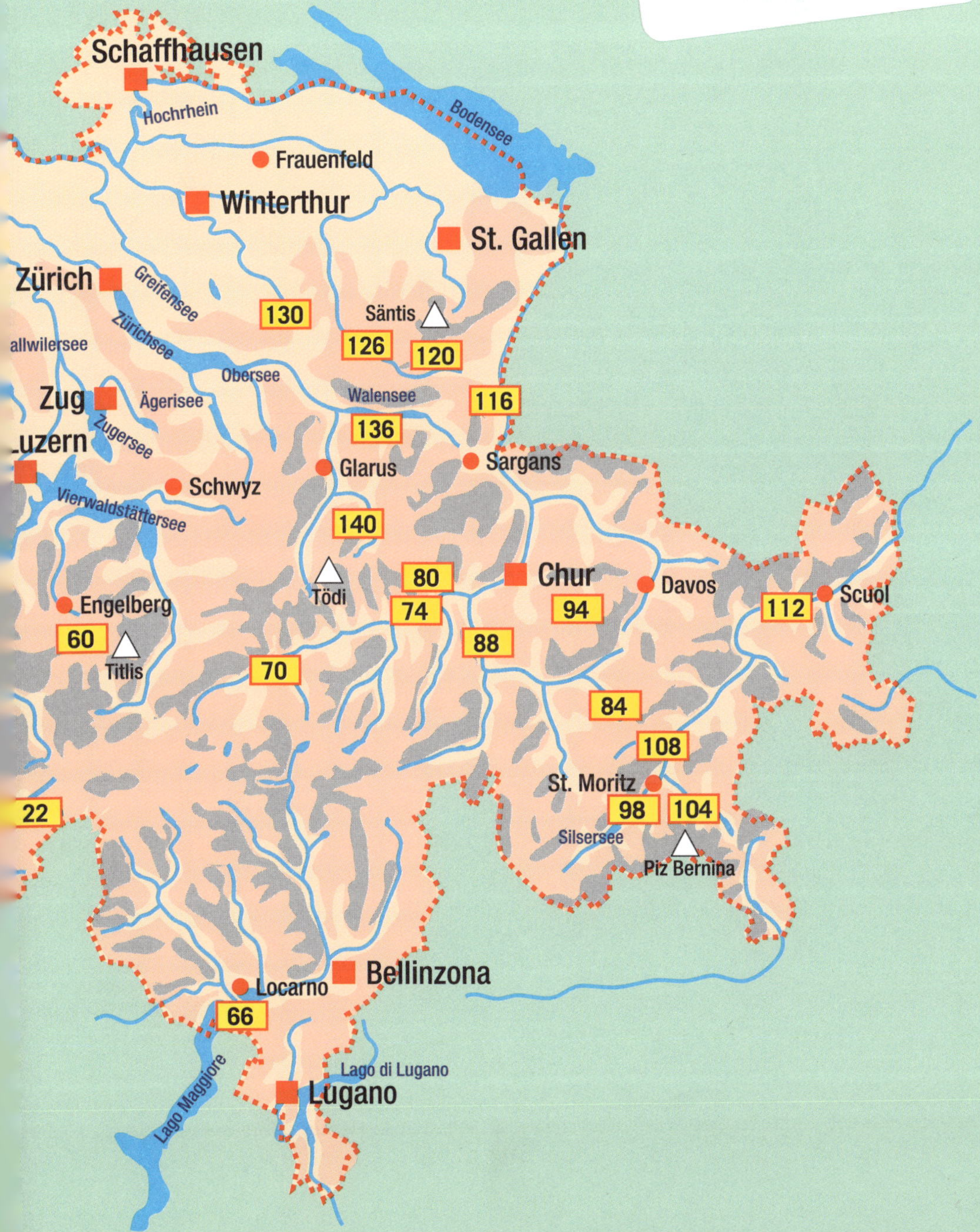
Schaffhausen
Hochrhein
Bodensee
Frauenfeld
Winterthur
St. Gallen
Zürich
Greifensee
Zürichsee
130
Säntis
126
120
allwilersee
Obersee
Walensee
116
Zug
Ägerisee
136
Zugersee
uzern
Glarus
Sargans
Schwyz
Vierwaldstättersee
140
80
Chur
Davos
Tödi
112
Scuol
Engelberg
74
94
60
Titlis
88
70
84
108
St. Moritz
22
98
104
Silsersee
Piz Bernina
Bellinzona
Locarno
66
Lago di Lugano
Lago Maggiore
Lugano

Velotouren für Familien
Band 1 – Alpen

Bildnachweis

Gondelbahn Kandersteg – Oeschinensee: Seite 45
Vally Gohl: Seiten 114, 115 und 112 (oben)
Bikewelt Toggenburg: Seite 125
Alle übrigen Fotos stammen vom Textautor Ronald Gohl und Bildredaktor Phillipe Cruz

Impressum

CIP-Einheitsaufnahme
Velotouren für Familien, Band 1 – Alpen:
auf verkehrsarmen und autofreien Wegen/
Ronald Gohl – 1. Auflage
Bäretswil: Edition Lan AG, 2009
ISBN 978-3-906691-42-8
NE: Ronald Gohl

ISBN 978-3-906691-42-8

CH-8344 Bäretswil
www.editionlan.ch
1. Auflage 2009

Foto Umschlag: Biketec/Christoph Sonderegger
Kartografie: Phillipe Cruz

Ronald Gohl

Velotouren für Familien Band 1 – Alpen

EDITION LAN

Graubünden

Ostschweiz

Kinder lassen sich gern für eine Velo- oder Mountainbike-tour begeistern.

Es muss nicht immer ein Bergrestaurant sein – das Picknick und die Aussicht vom Felsblock vermittelt ein grossartiges Naturerlebnis.

Erlebnisreiche Velotouren mit Kindern

Sie kennen das Problem: Am Wochenende wollen Sie mit Ihrer Familie eine Velotour unternehmen – doch weite Strecken der offiziellen Velorouten mit ihren roten Wegweisern führen über vielbefahrene Strassen oder entlang von wenig attraktiven Velostreifen parallel zu Verkehrswegen. Wir lösen das Problem und schlagen Ihnen 30 familienfreundliche und gemütliche Velotouren auf verkehrsarmen oder autofreien Wegen vor.

Velofahren mit Kindern ist anders. Vorrang hat auf jeden Fall der Aspekt der Sicherheit. Fahren wir auf viel befahrenen Strassen? Führt die Route steil bergab über Stock und Stein? Geht's bergauf? Auch die Fahrzeit muss anders bemessen werden. Selbst mit kleinen Teenies zwischen 10 und 14 Jahren braust man nicht im «Affenzahn» von A nach B. Sich umschauen, pausieren, auch mal etwas neben der Route entdecken, gehören zum Tagesprogramm.

Welches sind die besten Familientouren?

Kinder sind in der Regel schneller für eine Velotour als für eine Wanderung zu begeistern. Allerdings sollten keine ermüdenden «Klettereien» auf dem Programm stehen. Eine Velotour mit der Familie sieht ganz anders aus. Meist soll es geradeaus oder runter gehen, zwischendruch mal eine kleine Anstrengung kann nicht schaden, sofern sie nicht der einzige Inhalt der Tour ist.
«Veloland Schweiz» ist eine wunderbare Einrichtung, die auf der Welt wohl einzigartig ist. Neun nationale

Routen führen durchs Land. Doch aufgepasst: Aus den offiziellen Führern geht leider nicht hervor, welche Routen echt familientauglich sind. Stellt sich hier die Frage, wo finden wir die besten Routen für Familien? Sie sollen leicht, verkehrsarm und sehenswert sein. Im vorliegenden Tourenbuch haben wir 30 attraktive Strecken in den Alpen zusammengetragen und ausgetestet.

Ihre Reisevorbereitung

Jedes Jahr ändern die Fahrpläne und Betriebszeiten von Bergbahnen, Schiffen und anderen Verkehrsmitteln. Auch die Öffnungszeiten von Attraktionen am Veloweg sind nicht immer gleich. Aus diesem Grund sollten wir vor der Velotour, gerade bei längerem Anfahrtsweg, immer überprüfen, ob die Öffnungszeiten noch aktuell sind und die An- und Rückreise gewährleistet ist. Den Fahrplan können wir unter www.sbb.ch im Internet überprüfen, zu den einzelnen Ausflugszielen haben wir jeweils in der Box Website und Telefonnummern angegeben. Wir wünschen Ihnen auf den Velo- und Mountainbiketouren mit Ihren Kindern viel Spass und Erholung.

Ronald Gohl

Ob bräteln im Wald, schieben oder warten am Bahnhof – Velofahren sorgt für gute Laune.

10 Tipps für eine gelungene Velotour

Richtige Planung:
Beginnen Sie nicht mit der schwierigsten und längsten Tour, steigern Sie sich langsam.

Auf dem Weg bleiben:
Verlassen Sie Strassen, Velo- und Wanderwege nicht. Wer umweltbewusst fährt, braust nicht querfeldein durch Wälder und über Wiesen.

Im Zweifel nie:
Konsultieren Sie immer den Wetterbericht und verzichten Sie auf Velotouren bei Gewitter oder Nebel.

Bremsen:
Prüfen Sie vor einer Tour immer, ob die Bremsen an ihrem Velo noch richtig funktionieren.

Mütze und Sonnencrème:
Wer die Sonnencrème vergisst, darf sich nicht über einen Sonnenbrand beklagen.

Helm:
Auf exponierten Wegen sollten sich nicht nur Kinder mit einem guten Velohelm schützen.

Veloapotheke:
Ein kleines Erste-Hilfe-Set mit Pflaster, Desinfektionsmittel und einen elastischen Verband (inklusive Klammern) gehören in den Rucksack.

Postauto:
Während der Transport in den Zügen mittels Selbstverlad problemlos funktioniert, können nicht alle Linienbusse und Postautos den Transport von Velos garantieren. Bei grossem Andrang muss man manchmal auf den nächsten Bus warten.

Rega:
Eine Mitgliedschaft bei der Rega für wenige Franken im Jahr verschafft Gewissheit, dass eine Rettungsaktion mit dem Helikopter nicht in den finanziellen Ruin führt.

Orientierung:
Mit den roten Velowegweisern sind die Routen in der Schweiz meist gut markiert. Zusätzlich empfehlen wir Karten von:
- Hallwag Kümmerly + Frey
- www.bike-explorer.ch
- www.singletrailmap.ch.

Ausgangspunkt unserer Bikesafari ist die Bergstation Croix de Culet.

Der «Jumbo» von Champéry fasst 125 Personen.

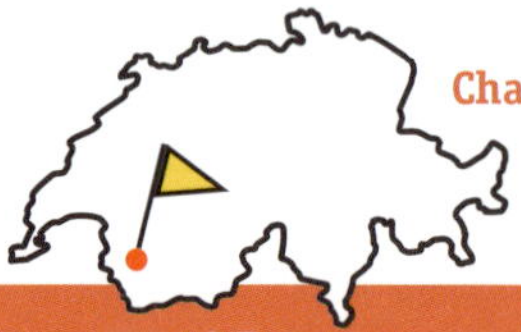

Ultimative Bikesafari von Berg zu Berg

Das wohl grösste zusammenhängende Gebiet für Mountainbiker befindet sich an der schweizerisch-französischen Grenze bei Champéry. Hier im Wallis liegt das Tor zum velophilen Glück. 24 Bergbahnen und 300 Kilometer ausgeschilderte Routen erwarten die Mountainbiker. Nebst Downhillstrecken für Könner gibt es auch viele familienfreundliche Abfahrten und Wege.

Schon der Einstieg in die grösste Mountainbike-Region der Welt ist ein Gigantismus. Direkt hinter dem Bahnhof erwartet uns eine riesige Luftseilbahnkabine. Sie fasst so viele Menschen wie ein Mittelstrecken-Airbus. Im Sommer, wenn viele mit den Velos bzw. mit dem VTT (Vélo pour tout terrain), wie man in der Romandie sagt, unterwegs sind, finden wohl etwas weniger als 125 Passagiere in der Kabine Platz.

Vorteile hat, wer gut im Sattel sitzt

Ausgangspunkt unseres abenteuerlichen Velotages ist die Bergstation Croix de Culet auf 1962 m ü. M. Bevor wir uns auf den Stollengaul schwingen, sollten wir ein Auge auf das Panorama werfen. Die phänomenale Aussicht reicht vom Dents-du-Midi bis zu den markanten Spitzen der Dents Blanches.

Im Gegensatz zu vielen Deutschschweizer Bergbahnen haben die Romands und Franzosen bereits in den Neunzigerjahren erkannt, dass Mountainbiker eine interessante Zielgruppe sind. So haben sie sich früh einen guten Namen geschaffen, von dem heute die Bahnen im Sommer profitieren können – denn nur mit

Speziel für Mountainbiker: Dieses Weidezaun-Hindernis wird mittels Rundhölzern überwunden.

Auf und Ab, vorbei an Alphütten und weidenden Kühen. Im Hintergrund die Pointe des Mossettes.

Wanderern lassen sich die grossen Gondeln nicht füllen.
Wer fest im Sattel sitzt, hat am heutigen Tag eindeutig Vorteile. Auch ein Helm sowie gute Bremsen bzw. ein Bremsencheck am Vortag gehören zur Pflicht. Die Kür beginnt mit der ersten Abfahrt. Sie führt uns teils über Wiesen, teils auf Schotterwegen hinunter zum Wintersportort Les Crosets. Als Nächstes wird das Bike in die Sesselbahn zur Pointe des Mossettes verladen. Von dort oben, dem Himmel etwas näher als anderswo (2277 m ü. M.), folgt die lange Abfahrt über Portes du Soleil nach Morgins hinunter. Es geht fast alles bergab, und zum Bremsen wären ein paar Handschuhe gut.

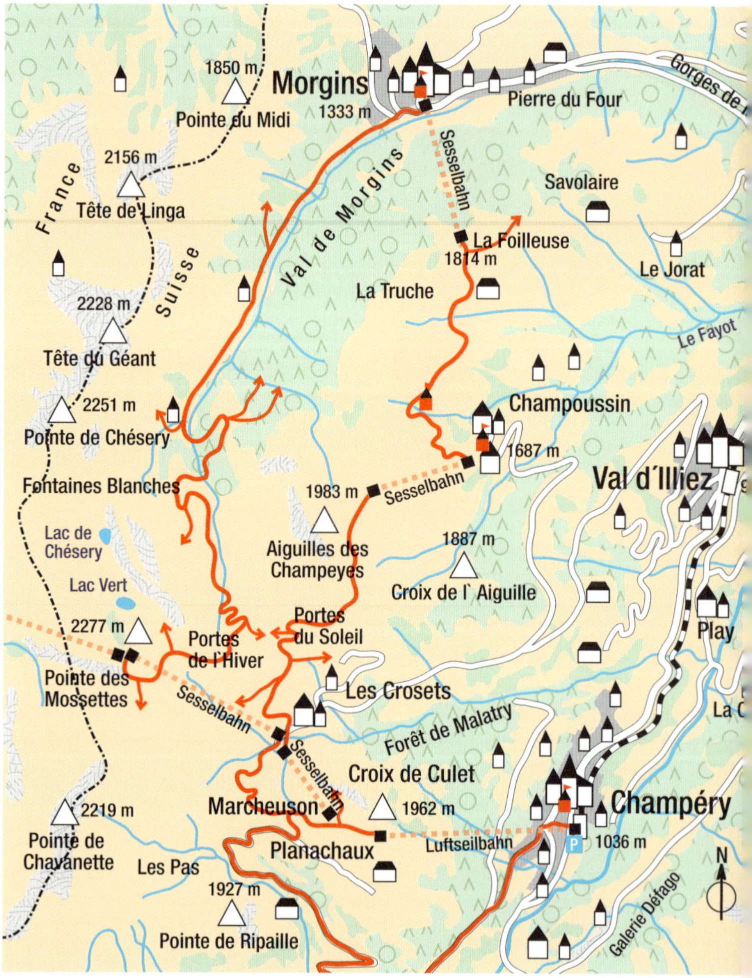

Was für ein Tag!

Nach einer gemütlichen Erholungspause im Chaletdorf Morgins geht's mit dem Sessellift nach La Foilleuse hinauf. Die nächste Abfahrt führt uns nach Champoussin – diesmal ist auch ein winziger Aufstieg dabei, den jeder mit Bravour meistert. Dazwischen befindet sich ein schönes Bergrestaurant mit Aussichtsterrasse, wo wir den Durst stillen und noch ein Häppchen essen können. Und schon stehen wir an der Talstation der zweiten Sesselbahn, mit ihr schaukeln wir zur Aiguille des Champeys hinauf. Oben angekommen, geht's kurz, aber steil bergauf. Wer kein Profi ist, steigt hier ab und schiebt das Gefährt. Nach der Mühe folgt der Lohn: Die Abfahrt führt direkt nach Les Crosets zurück, wo die dritte Sesselbahn zur Croix de Culet abfährt. Wer noch nicht müde ist, lässt das Mountainbike über die Teerstrasse nach Champéry ausrollen. Ab der Mitte des Weges muss mit wenigen Motorfahrzeugen gerechnet werden. Dafür kann man sich zum Schluss noch einmal so richtig den Fahrtwind um die Ohren sausen lassen. Was für ein Tag!

Downhill über Wiesen – nur für Radler, die ein Mountainbike beherrschen.

Informationen

Veloregion:
Champéry / Unterwallis

Fahrzeit:
Die Bikesafari von Champéry nach Morgins und über Val d'Illiez zurück nach Champéry dauert 3–4 h.

Veloroute:
Lokale Mountainbikestrecken. Insgesamt stehen über 300 km markierte Routen in der Schweiz und im angrenzenden Frankreich zur Verfügung.

Velokarten:
Auf der Website www.bikepark.ch kann eine Karte heruntergeladen werden. Diese gibt es auch kostenlos als gedruckte Version an den Talstationen der Bergbahnen.

Schwierigkeitsgrad:
Anspruchsvoll – es geht zwar meist bergab, dennoch sind Erfahrung auf dem Mountainbike und gute Fahrtechnik im Gelände Bedingung. Für sportliche Kids ab ca. 10 Jahren.

Höhenmeter:
Zwischendurch geht's immer wieder mal kurz bergauf.

Velosaison:
Im Juli und August stehen alle Sesselbahnen in Betrieb.

Anreise ÖV:
Von Aigle im Rhonetal fahren wir mit der Zahnradbahn durchs Val d'Illiez bis Champéry. Direkt neben dem Bahnhof befindet sich die Talstation der Grosskabinenbahn.

Anreise Auto:
Auf der A9 bis Ausfahrt St-Triphon, weiter nach Monthey und durchs Val d'Illiez hinauf bis Champéry. Parkplätze bei der Talstation der Luftseilbahn.

Zurück zum Ausgangspunkt:
Die Bikesafari führt uns zurück zum Croix de Culet. Hinunter nach Champéry gelangen wir mit der Luftseilbahn oder nach einem rasanten Talritt über die Alpstrasse.

Velomiete:
BikeShop direkt bei der Talstation in Champéry, Tel. 024 479 02 00

Attraktionen für Familien:
Nach der abenteuerlichen Bikesafari sind Kinder so müde, dass sie keine weiteren Attraktionen benötigen.

Weitere Auskünfte:
Télé Champéry – Crosets Portes-du-Soleil SA, 1874 Champéry
Tel. 024 479 02 00
www.bikepark.ch
Champéry Tourisme (für Unterkunft)
Tel. 024 479 20 20
www.champery.ch

VTT-Paradiese im wilden Val d'Anniviers

Grimentz (VS)

VTT nennt man das Mountainbike in der Romandie. Das «Vélo pour tout terrain» war im Französisch sprachigen Val d'Anniviers schon in den Achtzigerjahren ein beliebtes Sportgerät. Anders als in der Deutschschweiz wurde das Mountainbike schon damals von den Bergbahnen gerne befördert und speziell markierte Routen erwarteten die Radler.

Heute gilt das Val d'Anniviers als richtiges VTT-Paradies mit vielen Kilometern frei gegebenen Wegen, die auf einer speziellen Bike-Karte zusammengefasst sind. Diese ist bei den lokalen Tourismusbüros im Val d'Anniviers sowie in Sierre erhältlich. Gut ausgerüstete Sportler sind genauso willkommen wie gemütliche Familien-Radler.

Auf unserem Weg von Zinal nach Grimentz rücken bei Les Morasses gleich vier Dörfer ins Blickfeld: St-Jean, Vissoie, St-Luc und Ayer (von links nach rechts).

Mit dem Postauto oder mit dem eigenen Auto fahren wir als Erstes bis Zinal zuhinterst im Val d'Anniviers. Die Fahrt dauert mit dem Auto über schmale und exponierte Strassen fast eine Stunde, mit dem Bus noch länger.

Kleine Dorfrundfahrt in Zinal

In Zinal lohnt sich eine Runde durch den alten Dorfkern mit seinen von der Sonne braun gebrannten Häusern. Zu diesem Zweck folgen wir zunächst der Strasse weiter taleinwärts und biegen beim Campingplatz auf den oberen Weg ein. Der eigentliche Dorfkern ist mit einem unmissverständlichen allgemeinen Fahrverbot belegt, das einige Radler jedoch nicht hindert, weiterzufahren. Wer die Gesetze achtet, schiebt sein Rad. Die alten Häuser mit ihren Geranien auf den Fensterbänken zeugen von einem anderen Leben. Vor der Tourismus im Val d'Anniviers Einzug hielt, gingen die Einheimischen durch harte und entbehrungsreiche Zeiten. Zinal wurde damals nur im Sommer bewohnt, wenn das Vieh auf den umliegenden Alpen sömmerte. Seit die Luftseilbahn vor einigen Jahrzehnten gebaut wurde, lohnt sich das Leben auch in Zinal während des Winters.

Grimentz mit seinen typischen mehrstöckigen Walliser Häusern ist fast noch ein Geheimtipp und wird nicht von Touristen überrennt.

Zinal – Grimentz

Wir verlassen Zinal auf der selbst in der Hochsaison nur spärlich befahrenen Strasse, auf welcher wir über Mottec bis zur ersten Kehre oberhalb von Pont du Bois zügig vorankommen. Wir zweigen vorsichtig auf das kleine Strässchen ab, das nun leicht ansteigend und einem Höhenweg gleich Richtung Grimentz führt. Immer wieder gibt der Lärchen- und Föhrenwald den Blick aufs Tal mit seinen typischen Walliser Dörfern frei. Auf der gegenüberliegenden Talseite blicken wir auf Ayer, im Norden liegen Mission, Vissoie und St-Jean. Nach einer grösseren Linkskurve breitet sich das gesamte Val d'Anniviers vor uns aus und wir entdecken unser Ziel Grimentz. Um dorthin zu gelangen, müssen wir zunächst den Gougra-Bach überqueren und gleich danach einen Gegenanstieg von rund 50 Höhenmetern in Angriff nehmen.

Bendolla – Grimentz

In Grimentz angekommen, haben wir zunächst eine Pause mit einer Erfrischung verdient – zum Beispiel auf der Sonnenterrasse des Hotels Alpina gegenüber der Talstation der Gondelbahn. Mit dieser fahren wir wenig später nach Bendolla hinauf. Die Mountainbikes stellen wir senkrecht auf und nehmen

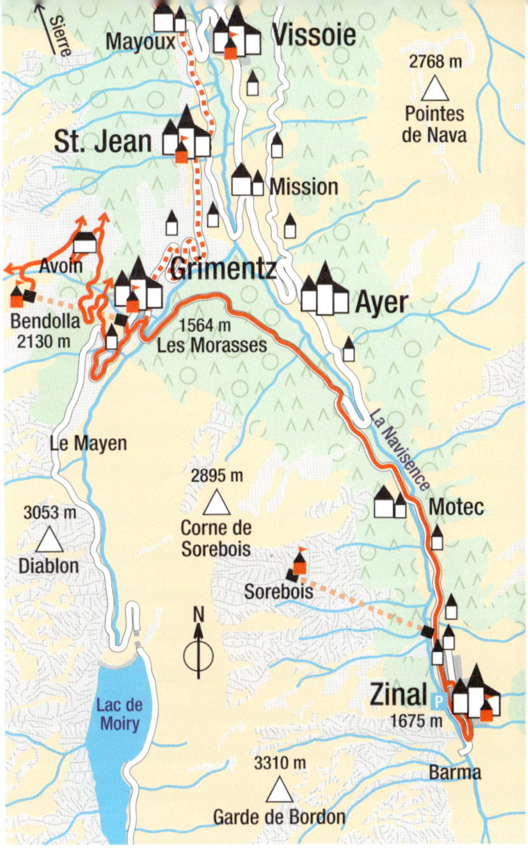

Die kleinen Kapelle oberhalb von Grimentz liegt nur wenige Schritte vom Strässchen. Eine Pause mit grandioser Aussicht auf Grimentz (Mitte). Mountainbikes sind auf dem Schotterweg Bendolla – Grimentz vorteilhaft (unten).

Bereit zur Abfahrt? Der Weg von Bendolla nach Grimentz ist zwar nicht steil, dennoch sind griffige Bremsen unabdingbar.

Informationen

Veloregion:
Val d'Anniviers / Wallis

Fahrzeit:
Familien, die gemütlich unterwegs sind, benötigen von Zinal nach Grimentz 1 h 15 min, von Bendolla nach Grimentz 1 h und von Grimentz nach Sierre ca. 2 h 30 min.

Veloroute:
Die Wege sind nur teilweise als Velorouten ausgeschildert.

Velokarten:
In den Tourismusbüros kann eine spezielle Mountainbike-Karte im Massstab 1:40 000 gekauft werden.

Schwierigkeitsgrad:
Leicht – in mehrere Etappen aufteilbar. Hartbelag auf den Abschnitten Zinal – Grimentz – Sierre, Schotterweg zwischen Bendolla und Grimentz. Hier verwenden wir mit Vorteil ein Mountainbike, das über gute Stollenreifen verfügt.

Höhenmeter:
Zinal – Grimentz:
174 m bergab, ca. 100 m bergauf
Bendolla – Grimentz: 566 m bergab
Grimentz – Sierre:
1240 m bergab, ca. 250 m bergauf

Velosaison:
Radfahren kann man im Val d'Anniviers je nach Schneemelze von ca. Mitte Mai bis Ende Oktober. Die Gondelbahn in Grimentz verkehrt von Mitte Juni bis Mitte September, bis Mitte Oktober nur am Wochenende.

Anreise ÖV:
Mit den SBB bis Sierre, weiter mit dem Postauto über Vissoie (umsteigen) nach Zinal oder Grimentz. Velos werden im Postauto nur transportiert, wenn genügend Platz vorhanden ist.

Anreise Auto:
Von Zürich via Andermatt und Furkapass ins Rhonetal. Kurz vor Sierre links ins Val d'Anniviers abzweigen.

Zurück zum Ausgangspunkt:
Von Grimentz bzw. Sierre fahren wir mit dem Postauto zurück nach Zinal.

Velomiete:
Valsport, Olivier Dumas, Grimentz
Tel. 027 475 27 76

Attraktionen für Familien:
Ausser der Natur und den vielen Bikemöglichkeiten gibt es im Val d'Anniviers keine besonderen Attraktionen für Familien.

Weitere Auskünfte:
Office du Tourisme
3961 Grimentz
Tel. 027 475 14 93
www.grimentz-stjean.ch

sie mit in die Kabine. Oben angekommen, freuen sich nicht nur Kinder über die bevorstehende Abfahrt. Eltern sollten ihre Sprösslinge im Auge behalten, damit diese nicht über den Weg hinaus geraten. Handschuhe zum Bremsen sind empfehlenswert.

Grimentz – Sierre

Wer noch mag, kann die lange Abfahrt nach Sierre in Angriff nehmen. Wir zweigen in Mayoux von der Hauptstrasse ab und radeln – teilweise bergauf – über Pinsec, Vercorin und Chippis (Abzweigung im Wald nicht verpassen) zum Bahnhof in Sierre. Das letzte Teilstück im Rhonetal wird allerdings auf vielbefahrenen Strassen zurückgelegt.

Mitte: Die Häuser in Grimentz werden von den Bewohnern liebevoll mit Blumen geschmückt. Unten: Fahrverbot im alten Dorfkern von Zinal – wir schieben das Rad.

Unser FAMILY-Tipp

Happyland New in Granges
Das Val d'Anniviers ist eher ein ruhiges Tal ohne viel Action für Kinder. Wie wär's mit einem Besuch im Happyland New, das westlich von Sierre liegt? Wer von Grimentz mit dem Velo ins Rhonetal hinunterbraust, entscheidet sich für die Strasse nach Chalais statt Chippis. Im Talboden angekommen, wenden wir uns nach links und fahren nach Granges, wo sich der 25 000 Quadratmeter grosse Freizeitpark Happyland New befindet. Verschiedene Attraktionen warten auf die Besucher, zum Beispiel ein Simmulator mit acht Plätzen, Achterbahnen, Schaukeln. Beliebt ist der Big Toboggan, mit 15 Meter Höhe und 60 Meter Länge die grösste Rutschbahn der Schweiz. Auf einer 230 Meter langen Bahn stehen zwölf Pferderoboter bereit, auf welchen Mädchen und Jungs reiten können. Auf der Raftingabfahrt durch Stromschnellen wird man zünftig nass – die ideale Gaudi, um sich nach einer langen sommerlichen Velotour so richtig abzukühlen. Das Happyland ist während der Sommersaison täglich von 11 bis 18 Uhr geöffnet.
Weitere Infos: www.happylandnew.ch
Rue du Foulon, 3977 Granges/VS
Tel. 027 458 34 25

Wo übernachten?

Unter den Gipfeln von Zinal
Ins Val d'Anniviers fährt man nicht so schnell an einem Nachmittag ... auch ein Tag reicht nicht aus für eine Tour im Walliser Seitental bei Sierre. Günstig übernachten lässt es sich im schönen Campingplatz von Zinal. Wer etwas mehr Wert auf Komfort legt, bucht ein Zimmer in einem Hotel – zum Beispiel im Dreisterne-Betrieb Le Besso, ein hübsch renoviertes Hotel aus der Zeit der ersten Sommertouristen in Zinal. Die Zimmer, leider nur wenige mit Balkon, verfügen über den üblichen Komfort
Weitere Infos: www.lebesso.ch
Tel. 027 475 31 65

Ein romantischer Hauch «Fin de Siècle»

Der alte Dorfkern von Chandolin unterhalb der Strasse kann nur zu Fuss erkundet werden.

Im vorletzten Jahrhundert, als das Hotel Weisshorn 1845 erbaut wurde, schleppten Arbeiter sogar ein Piano von St-Luc über die Bergwege bis auf 2337 m ü. M. – heute eine unvorstellbare Anstrengung. Am Zugang zum Hotel hoch über dem Val d'Anniviers hat sich nichts geändert. Es ist immer noch nur zu Fuss oder mit dem Bike zu erreichen.

Das Instrument steht noch immer im grossen Salon, der als einziger Raum das Ambiente des Fin de Siècle (die Glanzzeit im 19. Jahrhundert) bewahrt hat. Er steht nur abends den Hotelgäs-

Angenehmer, breiter Höhenweg zwischen dem Hotel Wei horn und Chandolin

Das Hotel Weisshorn thront an wunderschöner Panoramalage auf 2337 m ü. M.

ten offen, weil es früher immer wieder Tagesgäste gab, die ihre Beine mit den schmutzigen Wanderschuhen auf den antiken Sesseln hochlagerten.

Biketour zum Saturn

Wer früh genug bei der Talstation des Funiculaire St-Luc – Tignousa eintrifft, findet einen Parkplatz direkt beim Gebäude. Spätaufsteher parken weiter unten und strampeln mit dem Bike zur Talstation hoch. Dafür bewältigen wir den gröbsten Aufstieg mit der modernen Standseilbahn. Sie fährt fast so rasant wie ein Zug und überwindet die 485 Höhenmeter in nur drei Minuten. Oben angekommen, wird das Bike ausgeladen und erst einmal das faszinierende Panorama bestaunt. Unser Zwischenziel, das Hotel Weisshorn, machen wir unterhalb des markanten Felsmassivs Bec de Nava aus. Auch während der ganzen Fahrt geniessen wir das Panorama in vollen Zügen. Auf breitem Schotterweg geht's zunächst leicht auf und ab durch den lichten Bergwald zum Chalet Blanc. Dort biegen wir zum Saturn ab und bewundern schon nach der nächsten Kurve die riesige Skulptur des Planeten-Lehrpfades. Wir dirigieren unsere Bikes geradeaus weiter, kurbeln in den Wald hinein und bewältigen die erste kleine Steigung. Die nächste Abzweigung lassen wir rechts liegen, denn wir wollen zum Hotel Weisshorn. Bei dem nun folgenden Aufstieg bekommen unsere bereits warmgefahrenen Waden etwas zu tun. Wir passieren die Alphütte Le Chiesso und erreichen das Hotel Weisshorn.

Eine kurze, aber knackige Steigung erwartet uns unterhalb von Les Faches.

Drahtesel statt Maultier

Unter der mächtigen Wettertanne, die wir auf dieser Höhe nie vermutet hätten, gönnen wir uns einen kühlen Trunk oder eine stärkende Mahlzeit. Zu Zeiten des Fin de Siècle kamen wohlbetuchte Gäste auf den Rücken der Maultiere zum Hotel Weisshorn. Zu Fuss wa-

Zwischen der Turtmannsspitze und dem Hirsihorn kann man nur zu Fuss über den Col de Vijivi ins benachbarte Turtmannstal gelangen.

Informationen

Veloregion:
Val d'Anniviers / Wallis

Fahrzeit:
Von Tignousa zum Hotel Weisshorn benötigen wir je nach Kondition 45 min bis 1 h. Für den Rückweg über Tignousa nach Chandolin müssen wir nochmals mit rund 1 h 15 min rechnen.

Veloroute:
Wanderwege und Mountainbikestrecken

Velokarten:
In den Tourismusbüros kann eine Mountainbike-Karte im Massstab 1:40 000 gekauft werden.

Schwierigkeitsgrad:
Mittelschwer – Kies- und Waldwege, ein Mountainbike ist für diese Tour unbedingt erforderlich.

Höhenmeter:
Zunächst geht's ziemlich eben von der Bergstation des Funiculaire bis Le Chiesso, dort folgt ein kurzer aber happiger Aufstieg von 168 m bis zum Hotel Weisshorn. Auf dem Rückweg radeln wir entweder bergab oder geradeaus.

Velosaison:
Normalerweise kann die Route ab Mitte Juni bis Mitte Oktober befahren werden, in dieser Zeit ist auch das Hotel Weisshorn geöffnet.

Anreise ÖV:
Mit den SBB bis Sierre, weiter mit dem Postauto über Vissoie (umsteigen) nach St-Luc. Velos werden im Postauto nur transportiert, wenn genügend Platz vorhanden ist.

Anreise Auto:
Von Zürich via Andermatt und Furkapass ins Rhonetal. Kurz vor Sierre links ins Val d'Anniviers abzweigen.

Zurück zum Ausgangspunkt:
Wir rollen von Chandolin auf der abwärtsführenden Strasse zurück nach St-Luc.

Velomiete:
Chabloz Sport in St-Luc
Tel. 027 475 16 18

Attraktionen für Familien:
Ausser der Natur und den vielen Bikemöglichkeiten gibt es im Val d'Anniviers keine besonderen Attraktionen für Familien.

Weitere Auskünfte:
Office du Tourisme
3961 St-Luc
Tel. 027 475 14 12
www.st-luc.ch

ren nur jene unterwegs, die es sich nicht leisten konnten. Heute zählen Wanderer und Mountainbiker zu den wichtigsten Gästen in der historischen Herberge.
Zufrieden und satt schwingen wir uns nicht aufs Maultier sondern auf unseren Drahtesel und freuen uns auf die bevorstehende Abfahrt, die uns zunächst zurück nach Tignousa führt. Von dort aus folgen wir dem Höhenweg über die Alphütten von Par di Modzes. Doch aufgepasst: Der Weg wird hier schmal und der Ritt führt über Wurzeln und Steine. Unterhalb von Plan Losier münden wir wieder in einen guten Alpweg. Wir fahren hinunter nach Chandolin und auf der Strasse zurück zu unserem Ausgangspunkt St-Luc.

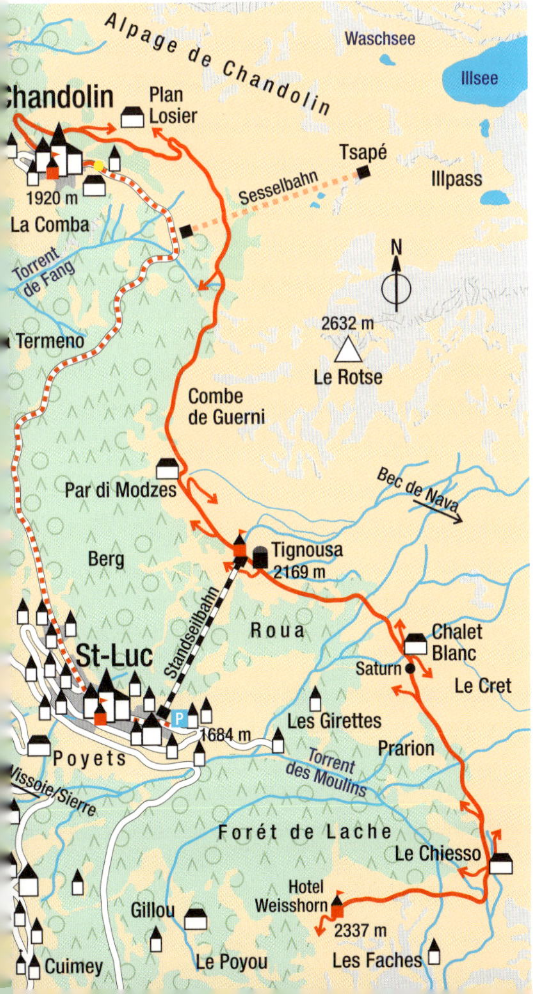

Wo übernachten?

Hotel Weisshorn
Dicke Wände, Holztäfer in den Räumen und romantisches Mobiliar wie zu Grossmutters Zeiten: In der heutigen Zeit, wo ein Hotelzimmer dem anderen gleicht, strahlt das Hotel Weisshorn hoch über dem Val d'Anniviers eine wohltuende Abwechslung aus. Das Haus ist nur zu Fuss oder mit dem Mountainbike zu erreichen. In der Nacht herrscht eine Ruhe, die für manchen, lärmgeplagten Grossstädter ganz neu ist. Was die Wenigsten wissen: Das Hotel verfügt über einen eigenen Stausee und ein kleines Kraftwerk, das die Gäste mit Strom versorgt. Gleichzeitig spendet der Stausee auch das notwendige Trinkwasser: frisch und klar.
Weitere Infos: www.weisshorn.ch
Tel. 027 475 11 06

Romantik Hotel Bella-Tola
Das Hotel Bella-Tola in St-Luc kann auf eine lange und wechselvolle Geschichte zurückblicken. 1859 von Pierre Pont erbaut, übedauerte es alle Wirren der Zeit. In den letzten 30 Jahren wurde es mehrmals saniert und um die Jahrtausendwende schliesslich umfassend restauriert, so dass es 2001 zum Historischen Hotel des Jahres gewählt wurde. Das Hotel strahlt etwas von der Noblesse des Fin du Siècle aus. Auf der «Bel-Etage» gibt es gediegen ausgestatte Räume mit so klangvollen Namen wie «Le Salon Vallet» oder «Le Salon Ravel».
Weitere Infos: www.bellatola.ch
Tel. 027 475 14 44

Die Mountainbikes werden in die Standseilbahn nach Tignousa verladen.

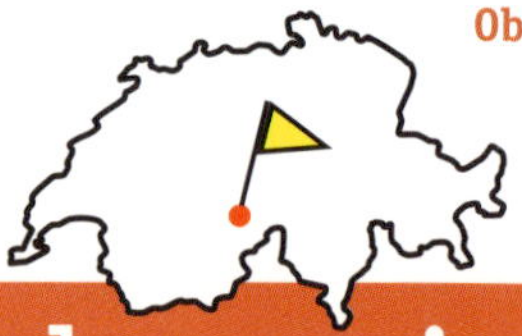

Weite Felder, urige Walliser Dörfer

Viel Liebe zum Detail: Die Bergbevölkerung schmückt ihre Häuser mit üppiger Geranienpracht.

Velofahrer sind in Oberwald und den übrigen Dörfern entlang der Rhone willkommen. Obergoms Tourismus hat schon vor 20 Jahren einen Radweg markiert, der praktisch uneingeschränkt über Naturstrassen und Feldwege führt – ideale Verhältnisse für Familien. Auf unserer Fahrt von Oberwald nach Reckingen kommen wir gut voran, denn der Weg ist eben und leicht zu befahren.

Topfeben, fast wie in Holland, radeln wir von Oberwald nach Ulrichen.

Oberwald (1366 m ü. M.) befindet sich nur wenige Kilometer von der Rhonequelle entfernt, die weiter oben am Furkapass entspringt. So ist die junge Rhone, im Oberwallis Rotten genannt, unser ständiger Begleiter im Obergoms. Die Tour eignet sich besonders für die Zeit im Hochsommer: Wenn es in den Städten des Unterlandes stickig heiss ist, weht in dieser Höhe oft ein angenehmes Lüftchen.

Die grosse Weite

Vom Bahnhof in Oberwald, der sich am Ostportal des Furka-Basistunnels befindet, schieben wir die Fahrräder durch die Unterführung und radeln zwischen Bahnhof und Rhone zunächst einige hundert Meter flussaufwärts. Wir wollen das Dorf ansehen oder in einem der zahlreichen gemütlichen Hotelbeizlis etwas trinken oder essen. Anschliessend biegen wir in den mittleren der drei schnurgeraden Feldwege ein und radeln zügig über die grosse Weite in Richtung Obergesteln. Unterwegs beobachten wir die Golfspieler, wel-

Ein gut befahrbarer, praktisch ebener Veloweg, der besonders bei Familien mit Kindern beliebt ist.

Kurz vor unserem Ziel erreichen wir Münster – das Dorf weist wunderschöne mehrstöckige Walliser Holzhäuser auf.

che auf einem schön angelegten Gebirgsplatz ihr Können unter Beweis stellen. Das erste Dörfchen Obergesteln lassen wir rechts liegen, wir strampeln weiter parallel zur Rhone und am Hotel Hubertus vorbei bis zur Weggabelung. Wir halten uns links und queren nach dem Weiler Zum Loch vorsichtig die Strasse. Anstatt auf der Strasse können wir parallel zur Rhone auf dem Weg zum Campingplatz fahren.

Zwei lohnende Abstecher

Hier lohnt sich ein erster Abstecher zum ehemaligen Flugplatz (auf der anderen Seite der Rhone), wo heute eine GoKart-Bahn betrieben wird. Auf dem gleichen Weg geht's zurück zum Campingplatz. Nun folgen wir weiter dem Veloweg talauswärts, vorbei an der Bahnstation Geschinen, die wohl etwas unpraktisch weit weg vom Dörfchen angelegt wurde. Bei Eiget überqueren wir die Rhone und überlegen uns einen zweiten Abstecher hinauf zum Dorf Münster. Wir können aber auch parallel zum zweiten Flugplatz weiter Richtung Reckingen kurbeln. Am Pistenende müssen wir nochmals über den Fluss und fahren auf dem jetzt etwas kurvigen Feldweg weiter bis Reckingen. Die Station der Matterhorn – Gotthard-Bahn befindet sich direkt am Rotten, so dass wir den Anstieg ins Dorfzentrum nur nehmen, wenn wir noch Lust auf eine Erfrischung im Gasthaus haben.
Flussabwärts gibt's einen schönen Campingplatz – der ideale Übernachtungsort für ein spannendes Familienbiwak, wenn wir die Tour über das Binntal nach Mörel (Seite 26) am nächsten Tag anschliessen.

Mit dem roten Zug der Matterhorn – Gotthard-Bahn fahren wir zurück zum Ausgangspunkt.

Für Grossstadtkinder ein ungewohntes Bild: die alten Walliser Hütten im Weiler Zum Loch

Informationen

Veroregion:
Obergoms / Wallis

Fahrzeit:
1 h 15 min reine Fahrzeit für Sportliche / 2–3 Stunden für gemütliche Fahrer, die zwischendruch auch mal Pausen und Abstecher machen.

Veloroute:
Nr. 1 «Rhone Route»

Velokarten:
Velopl änchen bei Goms Tourismus anfordern

Schwierigkeitsgrad:
Leicht – meist breite Schotterstrassen, auf denen auch Wanderer unterwegs sind. Wir benutzen mit Vorteil ein Mountainbike oder ein Citybike mit griffigen Reifen.

Höhenmeter:
Unterwegs geht's mehrmals ganz leicht bergauf und ab – die Steigungen sind aber nicht steil, so dass selbst Unkonditionierte nie absteigen und schieben müssen.

Velosaison:
Der Schnee schmilzt im Obergoms erst spät, so dass man von ca. Anfang Juni bis Ende Oktober eine Velotour planen kann.

Anreise ÖV:
Bis Brig oder Göschenen mit den SBB. Weiter mit der Matterhorn – Gotthard-Bahn (MGB) bis Oberwald. Reisende von Göschenen müssen in Andermatt umsteigen.

Anreise Auto:
Von Zürich/Luzern via A1 bis Ausfahrt Göschenen, weiter über Andermatt und den Furkapass nach Oberwald. Von Bern übers Berner Oberland und den Grimselpass nach Oberwald. Die Parkmöglichkeiten in Oberwald sind beschränkt (z. B. zwischen Sporthotel und Sporthalle).

Zurück zum Ausgangspunkt:
Von Reckingen fahren wir mit dem Zug der MGB zurück nach Oberwald.

Velomiete:
Koni Sport in Oberwald
Tel. 027 973 12 78

Attraktionen für Familien:
GoKart-Bahn in Ulrichen auf dem ehemaligen Flughafen.
Lohnender Abstecher nach Münster mit Coop zum Glacékauf (für die Kinder) und schönen alten Walliserhäusern (für die Eltern).

Weitere Auskünfte:
Goms Tourismus
Furkastrasse, 3984 Fiesch
Tel. 027 970 10 70
www.goms.ch

Mit dem Elektro-Flyer in den Zauberwald

Ein offenes, weites Bergtal und eine dunkle, tiefe Schlucht. Die Gegensätze auf unserer Velotour durchs Goms könnten nicht grösser sein. Sie führt von Reckingen über Ernen nach Grengiols und eignet sich speziell für Familien mit Kindern, denn unterwegs lädt das Eichhörnchen im Zauberwald zu einem längeren Unterbruch der Fahrt ein.

Ein Tag im sonnenverwöhnten Goms reicht für Velofahrer nicht aus, um die Region von A wie Ausserbinn bis Z wie Zum Loch in allen Facetten kennzulernen. Der gute Ruf der Velowege, abseits von Hauptstrassen, hat sich bis ins ferne Holland herumgesprochen. Viele Familiengäste aus dem hohen Norden treten inzwischen in der Ferienzeit fleissig in die Pedale und erkunden das Goms bergauf und bergab. Sie sind es auch, die sich nicht gerne mit den kleinen Steigungen herumschlagen und deshalb vom Angebot der Miet-Elektro-Flyer Gebrauch machen.

Wasserratten in Reckingen

Unsere zweite Etappe im Goms beginnt in der kleinen Gemeinde Reckingen, wo wir auf dem Campingplatz mit herrlichem Waldschwimmbad günstig übernachten können. Das freut vor allem Familien – nicht nur, weil's günstig

Tief unten in der Twingischlucht überqueren wir die Binna auf einer alten, gemauerten Steinbogenbrücke, deren genaues Alter nicht bekannt ist.

Der Felsenweg in der Twingischlucht wurde mit einem massiven Holzzaun gesichert.

ist, sondern weil kleine Wasserratten noch bis spät am Abend im Pool plantschen können.

Unsere Route ist mit roten Velowegweisern gut markiert, die Karte benötigen wir eigentlich nur, um den Überblick zwischen Start und Ziel zu behalten. Im Dörfchen Reckingen queren wir auf einer gedeckten Holzbrücke die Rhone, fahren zum Campingplatz und folgen dem Flurweg parallel zum Fluss. Weil es leicht bergab geht, fühlen sich auch Mountainbiker, als hätten Sie einen Elektro-Flyer unter dem Sattel. Auf der Höhe von Ritzingen ist es dann aber vorbei mit der Chancengleichheit. Mountainbiker schalten in die unteren Gänge und treten kräftig in die Pedale, Elektro-Flyer ziehen elegant vorbei. Doch die Steigung ist nur von kurzer Dauer, schon

Eine kurze Abfahrt bringt uns durch die typische Gommer Landschaft zur Brücke bei Biel.

1979 wurde Ernen mit dem Henris Louis Wakkerpreis ausgezeichnet (jeden Dienstag auf Anmeldung Dorfführung).

Gepflegter Bauerngarten kurz vor Steinhaus

Unterwegs auf dem Strässchen von Ernen nach Ausserbinn

Nach dem Campingplatz in Reckingen verläuft unser Weg parallel zur Rhone.

Grengiols ist mit nur 15 000 Übernachtungen pro Jahr ein Winzling unter den Wallier Ferienorten.

geht's mit Schwung wieder bergab und kurz vor der Brücke ins Dörfchen Biel zweigen wir links auf einen Feldweg ab. Nochmal geniessen wir das flotte Pedalen auf einem ebenen Weg und wer bereits Durst hat, kann diesen in der Gade-Bar zwischen Bodme und Blitzingen stillen. Die Veloparkplätze sind überfüllt, was einmal mehr beweist, wie beliebt unser Ausflugsgebiet in der ganzen Schweiz ist.

Cholera in Ernen

Ein Energy-Drink wäre nicht schlecht, denn zwischen Blitzingen und Ernen geht's nun mehrmals leicht bergauf. Die einen nehmen's gelassen und schieben das Rad, die anderen lassen diese Schmach nicht zu und strampeln sich tüchtig ab. Zum Glück gibt's zwischendurch immer wieder kleinere Abfahrten, so dass der Fahrtwind auch hartnäckige Schweisstropfen rasch verschwinden lässt. Wir bleiben am linken Ufer der Rhone (in Fahrtrichtung gesehen) und freuen uns darüber, dass die Wege autofrei sind. Unsere «Waypoints» heissen Rottenbrigge, Hostette, Rufibord und Steinhaus. Hier hat uns die Teerstrasse wieder und wir entdecken auch ab und zu ein Auto – natürlich lieber geparkt als fahrend. Dafür kommen wir auf dem Hartbelag rascher voran. Wir durchqueren ein kleines Tunnel, das wegen den Lawinen angelegt wurde, und stillen im bikerfreundlichen Café Mühlebach den Durst. Im schönen Chalet vermietet der Wirt auch einige wenige Betten für all jene, die mehr aus ihrer Gomstour machen wollen (Tel. 027 971 50 02).
Von Mühlebach sind es noch zwei Kilometer bis Ernen, wo es gleich zu Beginn des Dorfes eine Einkaufsmöglichkeit in einem Migros-Markt gibt. Brauchen wir noch Würste für die Grillstelle im Zauberwald?
Ernen gilt als eines der schönsten Walliser Dörfer, das schon mehrfach mit Preisen ausgezeichnet wurde. Die Bürger bauten ihre stattlichen Häuser, die bis ins 16. Jahrhun-

Kultur-Tipp

Sehenswertes Ernen
In der Walliser Gemeinde Ernen, die an unserem Weg ins Binntal liegt, erfreuen wir uns über die wunderschönen Holzhäuser und das intakte Dorfbild, das wie aus einem alten Heimatfilm erscheint. Auch ein richtiges Dorflädeli gibt es

hier, das von drei biologisch-dynamisch arbeitenden Landwirten, die aus dem Unterland zugezogen sind, betrieben wird. «Waren aller Art» steht über der Tür – ein Besuch in diesem Tante-Emma-Laden lohnt sich!

Unser FAMILY-Tipp

Zauberwald in Ernen
Am Strässchen von Ernen ins Binntal befindet sich im Ortsteil Wasen der Zauberwald. Der Abenteuerspielplatz samt Themenweg ist leider leicht zu übersehen, daher fahren Familien auf diesem Abschnitt mit besonderer Aufmerksamkeit. Wer in den Zauberwald eindringt, sollte über genügend Zeit verfügen, denn Kinder können stundenlang im Wald verweilen und spielen. Da gibt es eine Alphornrutsche, ein Telefonohr, ein Holz-Xylophon, eine Zapfenbahn und vieles mehr. Der Themenweg basiert auf der Geschichte des Eichhörnchens Brüna. Dazu ist ein schön illustriertes Kinderbuch im Dorflädeli von Ernen erhältlich.

dert zurückreichen, um einen grossen, viereckigen Platz. In den Restaurants wird Cholera aufgetischt – nicht die Krankheit, sondern ein leckerer Kartoffelkuchen mit Speck und Zwiebeln.

Endspurt in der Twingischlucht

Mitten im Dorf entscheiden wir uns für die Strasse, welche nach Binn abzweigt. Sie führt auf den nun folgenden fünf Kilometern kontinuierlich leicht bergauf. Bei der ersten grossen Kurve ist es endlich so weit und unsere Kinder freuen sich über den Abstecher in den Zauberwald (siehe Box). Wieder zurück, nehmen wir die Steigung über Ausserbinn bis kurz vor den Tunnel. Jetzt wird es spannend, denn ein Schotterweg führt steil in die Twingischlucht hinunter. Die Binna überqueren wir auf einer alten Steinbogenbrücke und auf der anderen Seite geht's über eine Naturstrasse entlang den Felsen steil bergauf. Der offizielle Routenführer von Veloland Schweiz empfiehlt das Velo zu schieben. In die Tiefe kann kaum jemand stürzen, denn der Weg ist mit einem massiven Holzgeländer gut gesichert, die Steigung zwingt eher zum Absteigen. Alles halb so schlimm, bei der Kapelle von Hockmatta können wir uns auf die Abfahrt freuen, denn von jetzt an geht's nicht mehr bergauf. Unser Blick schweift hinüber zur Bettmeralp und hinunter nach Grengiols, unserem Ziel. 1960 gab es 80 Bauern und drei landwirtschaftliche Maschinen in Grengiols, lesen wir auf einer Infotafel am Strassenrand. Oberhalb von Grengiols beschliessen wir nicht weiter dem Veloweg Richtung Mörel und Brig zu folgen, wir zweigen rechts auf ein Strässchen ab. Dieses windet sich in sechs Serpentinen über den Dorfkern von Grengiols hinunter ins Rhonetal, wo wir ein letztes Mal links abzweigen. Nach wenigen Radumdrehungen erreichen wir das Bahnhöfchen.
Mit dem roten Zug der Matterhorn – Gotthard-Bahn (MGB) treten wir die Heimreise an.

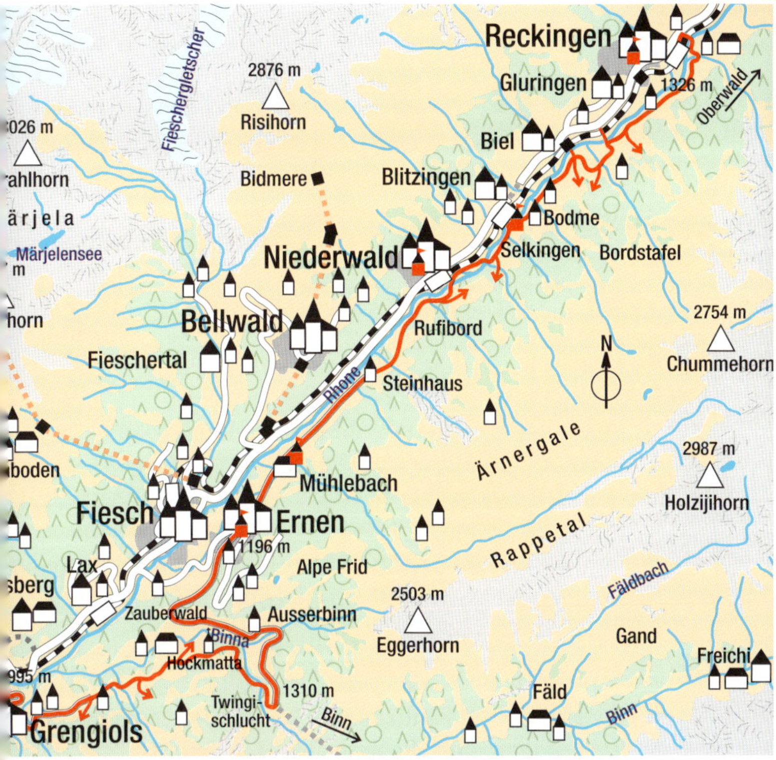

Die noch wilde, ungezähmte Rhone bei Selkingen

Informationen

Veloregion:
Goms / Wallis

Fahrzeit:
Familien im gemütlichen Tempo, die auch mal absteigen oder eine Pause einlegen, benötigen von Reckingen nach Grengiols rund 3 h.

Veloroute:
Nr. 1 «Rhone Route»

Velokarten:
Veloplänchen bei Goms Tourismus anfordern.

Schwierigkeitsgrad:
Mittelschwer – breite Schotterwege und wenig befahrene Quartierstrassen. Steiler Felsenweg in der Twingischlucht.

Höhenmeter:
Häufiges Auf und Ab mit kleineren Höhenunterschieden. Zwischen Ernen und Ausserbinn steigt die Strasse kaum spürbar um 115 m an, etwas ruppiger ist der Aufstieg auf dem anschliessenden Felsenweg. Schöne Abfahrt hinunter nach Grengiols.

Velosaison:
Je nach Schneelage ist die Tour ab Anfang Mai bis Ende Oktober möglich.

Anreise ÖV:
Bis Brig oder Göschenen mit den SBB. Weiter mit der Matterhorn – Gotthard-Bahn (MGB) bis Reckingen. Reisende von Göschenen müssen in Andermatt umsteigen.

Anreise Auto:
Von Zürich/Luzern via A1 bis Ausfahrt Göschenen, weiter über Andermatt, den Furkapass und Oberwald bis Reckingen. Von Bern übers Berner Oberland und den Grimselpass ins Goms. Beim Bahnhof in Reckingen gibt's wenige gebührenpflichtige Parkplätze.

Zurück zum Ausgangspunkt:
Von Grengiols fahren wir mit dem Zug der MGB zurück nach Reckingen.

Velomiete:
Olympia-Sport in Reckingen vermietet Mountainbikes und Elektro-Flyer, Tel. 027 971 03 30.

Attraktionen für Familien:
Idyllisches Waldschwimmbad in Reckingen. Abenteuerspielplatz «Zauberwald» in Ernen. Mineraliengrube im Binntal (zusätzlich ca. 2–3 h inkl. Weg).

Weitere Auskünfte:
Goms Tourismus
Furkastrasse, 3984 Fiesch
Tel. 027 970 10 70
www.goms.ch

Bereits kurz nach Schönried rollen wir an den ersten mondänen Chalets vorbei.

Auf dem letzte Teilstück zwischen Saanen und Rougemont pedalen wir über schmale Wald- und Wiesenwege.

Veloplausch zwischen Villen und Privatjet

Legendär ist die Champagnerluft des Oberengadins, doch auch im Berner Oberland gibt es mit Gstaad einen Ort, wo sich der internationale Jetset trifft. Wir schnuppern zwischendurch etwas von der prickelnden Atmosphäre, am Ende ist uns die freie Natur mit ihrer würzigen, gesunden Luft doch lieber als irgendwelche Champagnerdüfte.

Gstaad und St. Moritz spielen in der obersten Gästeliga. Während die St. Moritzer wenig Sorge zu ihrer Architektur trugen und das Ortsbild kaum sehenswert ist, darf Gstaad punkten. Entlang der autofreien Dorfstrasse reiht sich ein blumengeschmücktes Chalet ans andere, so das die piekfeinen Feriengäste gern von Laden zu Laden flanieren und dabei so manches liebevoll gestaltete Detail entdecken.

Filmschauspieler, Popstarts und Sportler

Wir beginnen unsere Velotour nicht in Gstaad, sondern in Schönried. Ausgangspunkt ist der Bahnhof auf 1230 m ü. M. Sind wir mit dem Zug angereist, überqueren wir den Bahnhof und pedalen Richtung Schlittmoos. Bei der ersten Verzweigung geht's geradeaus am Sportgeschäft vorbei und nach einer weiten Rechtskurve beginnt auch schon die erste Abfahrt. Wenn wir bloss wüssten, wer in welchem Chalet wohnt. Die feudalen Holzhäuser präsentieren sich vielerorts gegen aussen recht bieder – beim genauen Hinsehen entdecken wir jedoch, dass es sich um keine gewöhnlichen Chalets handelt. So manch ein berühmter Filmschauspieler, Popstar oder Sportler darf sich als stolzer Be-

Die Häuser in Gstaad werden aus Holz in der traditionellen Strickbauweise errichtet.

Der Panoramaweg hält, was er verspricht: Oberhalb von Gruben geniessen wir den Ausblick ins Saanenland.

sitzer eines Ferienhauses in Gstaad rühmen. Einige haben sich sogar für immer hier niedergelassen und mit der Gemeinde ein Pauschalbesteuerungsabkommen abgeschlossen. Unterhalb von Egg verzweigt sich die Strasse, wir biegen links in den Panoramaweg ein und geniessen schon nach wenigen Radumdrehungen den herrlichen Blick über die wogenden Wiesen hinunter nach Saanen oder hinüber zum pitoresken Felsenturm Le Rubli, der von einigen Einheimischen auch als Rüebliberg bezeichnet wird.

Durchschlupf unter dem Bahntrassee

Auf der Höhe von Nüweret ist die Signalisation für Velofahrer nicht mehr klar. Wir halten geradeaus und steigen auf dem Wanderweg wenige Meter bergauf bis wir ohne grosse Anstregung den höchsten Punkt bei Oberbort erreicht haben. Wir wechseln wieder auf Hartbelag und lassen es auf der kurvenreichen Strasse rollen. Links und rechts ziehen die Bonzenchalets an uns vorbei, so als wollte jeder jeden übertrumpfen. Auch das Nobelhotel Palace liegt direkt am Weg. Noch eine scharfe Kehre und schon stehen wir am Eingang des Fussgängerparadieses von Gstaad. Wer nicht viel mit Boutiquen und teuren Marken anfangen kann, wird die Dorfstrasse ohne anzuhalten durchqueren.
Beim Coop zweigen wir links auf den Parkplatz ab. Auf den ersten Blick scheint es hier nicht weiterzugehen. In der hinteren Ecke gibt's jedoch einen schmalen Durchschlupf für Fussgänger und Velofahrer unter dem Bahntrassee der Montreux – Oberland Bernois (MOB). Auf der anderen Seite der Gleise scheint die Welt wieder etwas «normaler» zu sein – scheinbar gewöhnliche Chalets, wie sie auch Herr und Frau Schweizer besitzen. Wir fahren über ein schmales Weglein entlang von Wiesen zur Gschwendstrasse hinunter. Sie verläuft parallel zur Saane. Wir folgen ihr

Eine Landschaft der Gegensätze:
hier Bergbauern, dort Bonzenvillen

Links: Eine Garage für vier Autos – Häuser wie diese werden meist nur während wenigen Wochen im Jahr bewohnt. Rechts: mit Schindeln gedeckte Holzbrücke über die Saane

nach Nordwesten und kommen dabei ohne Steigungen gut voran. Bei Äbnit wechseln wir die Flussseite, alles ist bestens mit roten Velowegweisern markiert. Auf diese Weise erreichen wir völlig unspektakulär unser nächstes Zwischenziel Saanen. Wer mag, kann auf der anderen Seite des Bahnübergangs dem etwas weniger protzigen Dorf einen Besuch abstatten. Weiter geht's anschliessend auf der Südseite des Tals.

Informationen

Veloregion:
Saanenland / Berner Oberland

Fahrzeit:
Von Schönried über Gstaad nach Sannen benötigen wir 1 h 45 min, für die Weiterfahrt nach Rougemont schlagen 45 min zu Buche.

Veloroute:
Teils auf der Seen-Route Nr. 9, teils auf regionalen Velo- und Mountainbike-Wegen

Velokarten:
Kümmerly+Frey, Massstab 1:60 000, «Berner Oberland». Eine Bike-Panoramakarte ist in den Tourismusbüros der Region erhältlich.

Schwierigkeitsgrad:
Leicht: von Schönried bis Saanen auf breiten Wegen mit nur geringem Höhenunterschied. Anspruchsvoll: zwischen Le Vanel und Rougemont auf schmalem Pfad im Wald. Alternativ dazu könnten wir die Veloroute Nr. 9 benützen, die aber ein Stück über die Kantonsstrasse nach Rougemont führt.

Höhenmeter:
Schönried – Saanen 30 m bergauf, 150 m bergab; Saanen – Rougemont 105 m bergauf, 109 m bergab – im Wald häufiges Auf und Ab

Velosaison:
Die Strecke kann meist von Anfang Mai bis Ende Oktober problemlos befahren werden. Den schmalen Mountainbikeweg bei Rougemont sollten wir nicht nach Regenfällen benützen.

Anreise ÖV:
Von Bern über Spiez und Zweisimmen (zweimal umsteigen) nach Schönried

Anreise Auto:
Auf der A6 Bern – Spiez bis Verzweigung Lattigen. Weiter durchs Simmental über Zweisimmen nach Schönried. Parkplätze hinter dem Bahnhof.

Zurück zum Ausgangspunkt:
Von Rougemont fahren wir mit dem Zug der MOB zurück nach Schönried.

Velomiete:
Fredy's Bikewält in Gstaad
Tel. 033 744 04 04

Attraktionen für Familien:
Kinderparadies auf dem Rellerli mit Bungy-Trampolin, Sommerrodelbahn, Kletterwand und Trotti. Das Rellerli erreichen wir von Schönried aus mit der Gondelbahn.

Weitere Auskünfte:
Gstaad Saanenland Tourismus
Haus des Gastes, 3780 Gstaad
Tel. 033 748 81 81
www.gstaad.ch

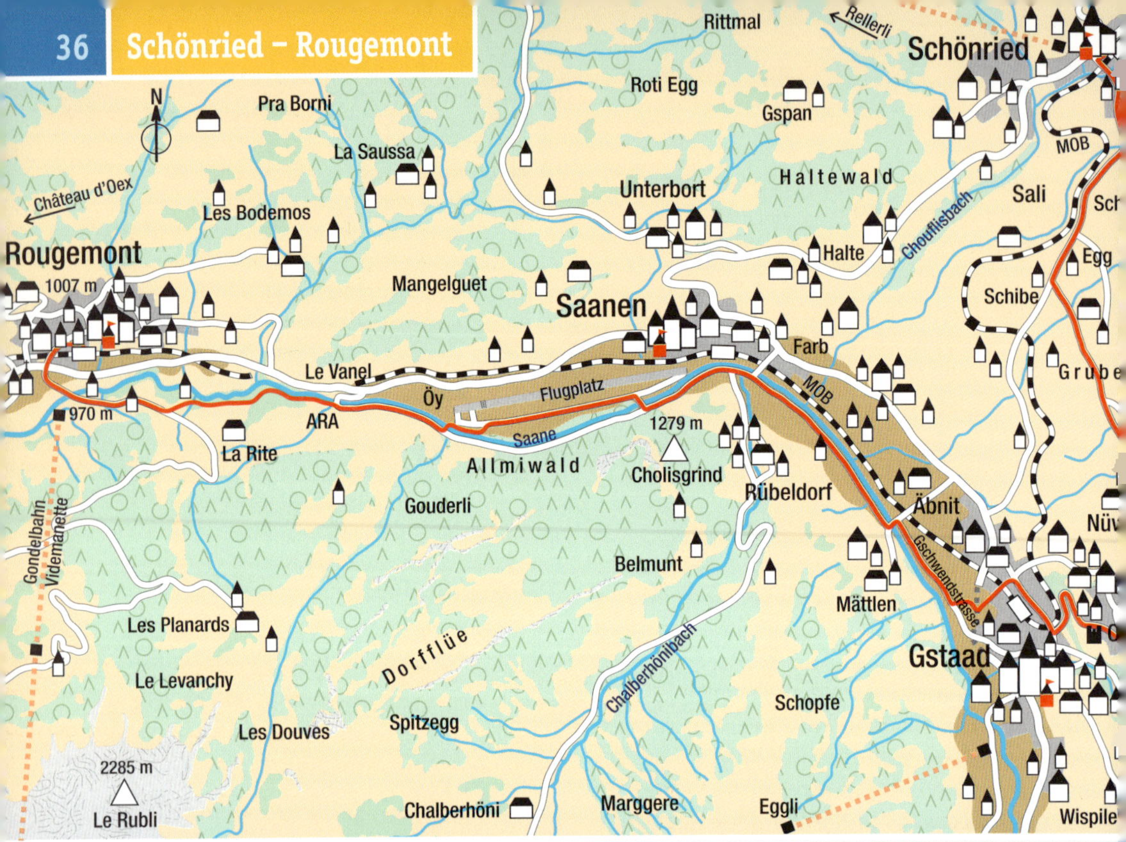

Ob wir auf dem Rollfeld des Flugplatzes richtig sind?
Oder hätten wir den schmalen Waldpfad benützen sollen?

Über den Flugplatz oder nicht?

Wir folgen wieder dem Velowegweiser, nach wenigen hundert Metern weist uns ein Schild rechts über die Saane zum Flugplatz. Unvermittelt strampeln wir mit unseren Velos auf der Rollbahn, vorbei an Helikoptern und Privatjets. Am Ende der Start- und Landebahn geht's über die Wiese auf einen schmalen Waldpfad. Hätten wir vielleicht diesen bei der Brücke über die Saane wählen sollen? Oder war die Beschilderung bloss eine temporäre Umleitung? Jedenfalls queren wir erneut den Fluss und finden die Strasse wieder, inzwischen eine Schotterpiste. Sie führt uns an einem Kieswerk und an der Abwasserreinigungsanlage (ARA) vorbei bis zur nächsten Brücke über die Saane. Hier sollten wir gemäss Velowegweiser den gegenüberliegenden Hang hinaufkraxeln und unseren Weg auf der vielbefahrenen Hauptstrasse fortsetzen. Nein Danke, dann schon lieber der Wander- und Mountainbikeweg auf unserer Seite des Ufers. War da nicht ein allgemeines Fahrverbot oder ein Wegweiser für Mountainbiker? Zu spät, wir radeln bereits auf dem schmalen Weglein, das über Stock und Stein bergauf und bergab führt.
Familien mit kleinen Kindern oder wenig Erfahrung auf Mountainbike-Parcours sollten diesen Weg meiden und die Tour bereits in Saanen beenden. Sie könnten mit der nötigen Vorsicht auch zur Hauptstrasse hinauf – der Veloweg zweigt nämlich bereits nach wenigen hundert Metern wieder auf eine Quartierstrasse von Rougemont ab. Wir kämpfen uns indessen auf dem schmalen Waldpfad unterhalb von Le Vanel ab. An besonders steilen und heiklen Stellen sollten wir absteigen. Der Pfad mündet in eine Teerstrasse und auf dieser gelangen wir im Nu hinunter zur Talstation der Videmanette-Gondelbahn. Zu guter Letzt bleibt der Gegenanstieg zum Bahnhof auf der anderen Seite der Saane. Müde, aber glücklich beenden wir hier unsere Tour.

Family-Tipp

Autofreies, velofreundliches Gstaad
Seit vielen Jahren ist das Dorfzentrum von Gstaad autofrei. Anfänglich protestierten einige Ladenbesitzer, weil sie um Kunden fürchteten, welche angeblich immer ihr Auto vor dem Laden parkieren sollten. Heute haben sie eingesehen,

dass die Fussgängerzone den Umsatz steigert. Die früher vielbefahrene Hauptstrasse von Gstaad hat sich inzwischen in eine Flaniermeile verwandelt, in welcher man sich gerne zeigt und zu Fuss einkauft. Velofahrer geniessen freie Fahrt – es versteht sich von selbst, dass Fussgänger Vortritt haben und man nur im Schritttempo mit der nötigen Vorsicht pedalt.
Gstaad und das Saanenland geben sich ausgesprochen velofreundlich. So werden bei allen Bergbahnen (einzige Ausnahme: Luftseilbahn Sanetsch) die Mountainbikes kostenlos befördert. Vorbei sind auch die Zeiten, als man keine Velos auf den Wanderwegen duldete. Eine detaillierte Panoramakarte zeigt heute, wo man problemlos biken kann. Daran sollte man sich halten und nicht rücksichtslos über Wiesen und über Bergwege «brettern». Das Angebot ist so vielfältig, das man problemlos ein bis zwei Wochen in der Region verweilen könnte. Wer rasch aus der Puste kommt, wenn's mal bergauf geht, sollte sich einen Elektro-Flyer in einem der Sportgeschäfte mieten, die auf der Panoramakarte angegeben sind.

Lohnender Abstecher zum Lenkerseeli

Rasante Abfahrt auf der Alpstrasse vom Büelberg in die Lenk

Unten: Blick zum Betelberg auf der gegenüberliegenden Talseite

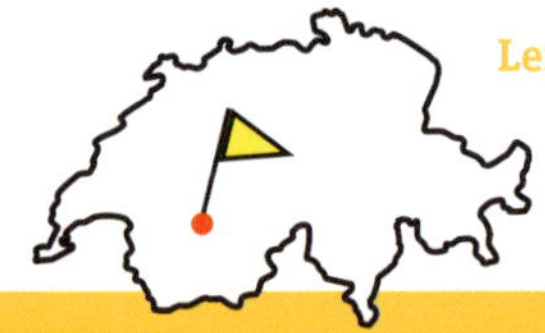

Gemütliche Family-Tour in der Lenk

Felswände, Gletschereis und die fünf Kilometer breite Kulisse des imposanten, 3243 Meter hohen Wildstrubels erwarten uns im alpinen Amphitheater der Lenk. Auf der anderen Seite des Wildstrubels liegt Crans-Montana, die sonnenscheinreichste Region der Schweiz. Daher profitieren die Lenker im südlichsten Berner Oberländer Tal oft vom schönen Walliser Wetter.

Velofahrer, die mit dem Auto in die Lenk anreisen, haben gegenüber den Benützern des öffentlichen Verkehrs für einmal einen kleinen Vorteil. Sie können nämlich auf den 1658 Meter hohen Büelberg fahren und anschliessend die halbstündige Abfahrt ins Dorf Lenk geniessen. Der Bus, der zwischen dem Bahnhof und dem Büehlberg verkehrt, nimmt keine Velos mit. Am Ende der Tour fährt der Papa oder die Mama mit dem Bus auf den Berg und holt das Auto. Die Velos werden im Tal wieder aufgeladen.

Auftakt auf dem Büelberg

Die rasante Talfahrt vom Büelberg hinunter in die Lenk ist vor allem bei Kids ein Renner – nur deshalb macht dieser Auftakt zu unserer Familientour auch Sinn. Während der rund halbstündigen Abfahrt spüren wir den Fahrtwind im Gesicht und freuen uns auf die völlig mühelose Tour, die uns noch bevorsteht – und die auch halbwüchsige Ausflugsmuffel zu begeistern vermag.
Im Feriendorf Lenk angekommen, unternehmen wir noch einen kleinen Abstecher zum idyllischen Lenker-

lofahren macht Durst,
nterwegs gibt's immer
eder Brunnen – ob es
ch um geniessbares
ıellwasser handelt?

seeli und füttern die Enten, was ein Highlight für Familien mit kleineren Kindern ist. Ein Besuch in der Wallbachbadi kann dem Familienklima an diesem Tag nur förderlich sein, Zeit haben wir ja hoffentlich genug – und ausserdem liegt das Hallen- und Freibad direkt an unserer Veloroute zwischen Lenk und Zweisimmen.

Weiter geht's entlang der Simme

Bestimmt werden sich die Kinder für einmal freuen, wenn wir das Ende des Badeplausches ankündigen. Schliesslich erwartet sie eine mühelose Velotour, ein Brätelspass mit Würsten vom Grill und ein Fahrt mit dem Velo auf dem Rollfeld eines richtigen Flugplatzes. Doch davon später ...

Nach der Wallbachbrücke geht's rechts ab und schon bald liegen die letzten Häuser des Ferienortes Lenk hinter uns. Das Velo rollt wie von allein durch das Landwirtschaftsgebiet Ägerten. Bei der Lischmatte erreichen wir wieder das Ufer der Simme und beim Schadauli-Bauer verlassen wir die Teerdecke und biken auf dem Kiesweg weiter talauswärts. Kurz nach dem Niederhof schlängelt sich der Weg dem Simmenufer entlang. Dieses verlassen wir erst wieder auf der Höhe von Matten. Wir queren den Fluss und stehen

Unser FAMILY-Tipp

Wasserspektakel bei den Simmenfällen

Wer genügend Zeit hat, der sollte in der Lenk übernachten. Dem Velofahrer oder Mountainbiker bieten sich unzählige Möglichkeiten, die umliegenden Berge zu erkunden.
Wer es gemütlich mag, kann einen kleine Rad-

tour entlang der Simme taleinwärts unternehmen. Das nicht sehr viel befahrene Strässchen endet beim Hotel Simmenfälle, wo man auch einfach, aber günstig übernachten kann. Wenn wir ganz still sind, hören wir vom Wald her das Tosen des Wassers. Ein Wanderweg, den Mountainbiker auch auf dem Stollengaul unter die Pedale nehmen, führt hinauf zu den Simmenfällen. Die gemütlichen Radler unter uns, lassen den Tretesel stehen und wandern mühelos auf dem Weg zu einem Aussichtspunkt, den wir nach ungefähr fünf Minuten erreichen. Hier sehen wir das Wasser über die Felsen rauschen und toben. Einen Augenblick halten wir inne und geniessen die urtümliche Gewalt der Natur. Über einen Berg- oder Wanderweg gelangen wir noch weiter hinauf bis zur Barbarabrücke. Nach rund 15 Minuten zu Fuss stehen wir am Ursprung des Tosens. Die Wassermassen stürzen sich rund 40 Meter unter der Holzbrücke hindurch. Im Sonnenlicht glitzert weisse Gischt und man sagt, dass hier im Morgen- und Abendlicht die Wasserfeen tanzen sollen.
Auf dem Rückweg freuen sich unsere Kinder über den Spielplatz beim Hotel Simmenfälle, während wir uns genüsslich auf der Sonnenterrasse räkeln.

plötzlich auf der Rollbahn des Militärflugplatzes St. Stephan. Wir dürfen weiterfahren, denn wir sind auf dem offiziellen Radweg. Achtung: Die zwei Kilometer lange Start- und Landebahn ist natürlich kein Tummelplatz für Pedalritter!
Wir machen uns jetzt Gedanken zum Mittagessen. Gleich drei Feuerstellen stehen zur Auswahl: vor dem Flugplatz, nach dem Flugplatz und kurz vor Blankenburg. Zwischen St. Stephan und der nächsten Brücke über die Simme gilt auf dem schmalen Uferweg unsere besondere Aufmerksamkeit den Wanderern. Lieber einmal mehr klingeln als einmal zu wenig! Der Steg über die Simme ist so eng, dass keine Kreuzung mit Fussgängern oder Radfahrern möglich ist. Wir strampeln weiter über Ried und Blankenburg bis nach Zweisimmen. Auf den letzten Metern müssen wir noch kurz auf der Hauptstrasse fahren.
Der Zug der Montreux – Oberland Bernois (MOB) bringt uns zurück in die Lenk.

Bei St. Stephan wird die Simme auf einer schmalen Brücke überquert.

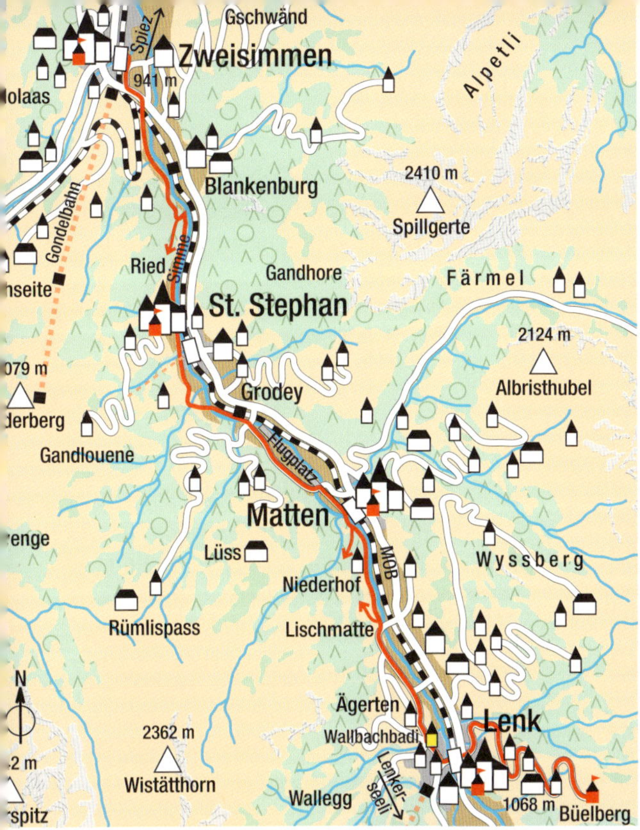

Viele attraktive Mountainbikestrecken auf dem Büelberg

Fast eineinhalb Stunden lang folgen wir dem Lauf der Simme.

Informationen

Veloregion:
Simmental / Berner Oberland

Fahrzeit:
Für die Abfahrt vom Büelberg benötigen wir eine gute halbe Stunde. Von der Lenk nach Zweisimmen dauert die gemütliche Fahrt mit der Familie rund eineinhalb Stunden.

Veloroute:
Lokal markierte Velowege und Mountainbikestrecken

Velokarten:
Kümmerly+Frey, Massstab 1:60 000, «Berner Oberland». Bike-Explorer «Berner Oberland West», Massstab 1:80 000, im Buchhandel oder bei www.bike-explorer.ch erhältlich.

Schwierigkeitsgrad:
Leicht: Beliebte Radtour für die ganze Familie. Asphaltierte Strasse zwischen dem Büelberg und dem Dorf Lenk mit geringem Autoverkehr. Die Hälfte der Strecke nach Zweisimmen führt über Naturwege. Country- oder Mountainbike von Vorteil.

Höhenmeter:
Büelberg – Lenk: 590 m bergab
Lenk – Zweisimmen: ebener Weg

Velosaison:
Der Veloweg zwischen der Lenk und Zweisimmen ist meist ab April schneefrei. Der Bus auf den Büelberg verkehrt ab Mitte April. Die Strasse ist meist im Mai vollkommen schneefrei.

Anreise ÖV:
Von Bern über Spiez und Zweisimmen (zweimal umsteigen) in die Lenk

Anreise Auto:
Auf der A6 Bern – Spiez bis Verzweigung Lattigen. Weiter durchs Simmental über Zweisimmen nach Lenk. Gratisparkplätze auf dem Büelberg oder bei den Metschbahnen

Zurück zum Ausgangspunkt:
Mit der MOB fahren wir von Zweisimmen zurück nach Lenk, mit dem Lenk-Bus vom Bahnhof zum Büelberg.

Velomiete:
Bahnhof Lenk, Tel. 033 733 13 55 und Velosport Morger im Dorf Lenk, Tel. 033 733 34 24

Attraktionen für Familien:
Dampfeisenbahn Strubeli auf dem Kronenplatz. Wallbachbadi Lenk mit Freibad, Hallenbad und Beachvolleyball-Feld.

Weitere Auskünfte:
Lenk-Simmental Tourismus AG
Rawilstrasse 3, 3775 Lenk i.S.
Tel. 033 736 35 35
www.lenk-simmental.ch

Im Gasternholz öffnet sich die Schlucht zu einem Hochtal.

Faszinierende Felsenstrasse durch die Chlus

Kandersteg (BE)

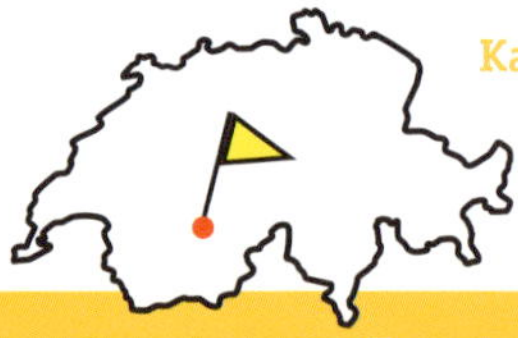

Himbeeren, Gletscher, urwüchsige Natur

Wegen seiner Abgeschlossenheit zählt das Gasterntal bei Kandersteg zu den grossartigsten Hochgebirgstälern der Alpen. Naturfreunde entdecken hier eines der wenigen noch frei fliessenden Wildwasser, das sich seinen Weg durch einzigartige Auenwälder sucht.

Während das Gasterntal in seinem mittleren Abschnitt weitgehend sich selbst überlassen bleibt, bewirtschaften Bergbauern die Alpen im oberen Talabschnitt. Ein Besuch in Kandersteg lohnt sich aber nicht nur wegen dem Gasterntal, der Ort bietet eine ganze Palette an Velowegen und

Das Gasterntal – eine Wildnis wie in den kanadischen Rocky Mountains

Mountainbikestrecken. Man könnte also gut und gerne eine ganze Woche im Berner Oberländer Ferienort verweilen.

Gasterntal

Vom Bahnhof Kandersteg aus geht's zunächst durch den Ort in Richtung Süden. In der Nähe des Lötschberg-Tunnelportals beginnt die Steigung, sie führt über eine spektakuläre, in den senkrechten Fels gesprengte Strasse mit mehreren Tunnels. Nachdem wir die Chlus überwunden haben, gelangen wir in eine ganz andere Welt. Fast überkommt uns das Gefühl im Shangri-La, einem sagenumwobenen, paradiesischen Tal im Himalaya, angekommen zu sein. Oder erinnert uns die Landschaft vielleicht eher an die kanadischen Rocky Mountains? Wir können noch auf einem guten Stück taleinwärts über einen ebenen Weg, vorbei an den einzigartigen Auenwäldern und Flussmäandern, pedalen. Dort, wo die nächste Steigung beginnt, kehren Genussradler um. Mountainbiker nehmen die nächsten Talstufen über Selden bis Heimritz (1635 m ü. M.), an beiden Orten erwarten uns urige Bergwirtschaften und Blicke auf die gleissend weissen Gletscher. Über den gleichen Weg fahren wir wieder zurück nach Kandersteg. Schleckermäuler kommen ausgangs Chlus-Schlucht auf ihre Kosten. Hier finden sie zahllose Himbeerstauden.

Verdientes Picknick nach der ersten Steilstufe

Ein Blick hinunter in die gähnende Chlus-Schlucht

Rundfahrt durch den Höhwald

Eine angenehme Rundtour erwartet uns westlich vom Bahnhof. Wir strampeln zunächst taleinwärts bis Richtung Allmenalpbahn. Kurz vor der Talstation zweigen wir rechts auf einen Forstweg ab und nehmen die Steigung über Waldegg bis zum Aussichtspunkt Höh. Ohne Fleiss kein Preis, heisst die Devise, denn nach dem schönen Panorama erwartet uns eine rassige Abfahrt durch den Höhwald. Unterwegs könnten wir einen kurzen Abstecher zur Alp «I de Böde» unternehmen, wo uns ein weiterer, grandioser Blick ins Dorf und zur Blüemlisalp geboten wird. Die Abfahrt endet beim Kander-Stauwehr im Norden des Dorfes. Zurück nach Kandersteg

Spritzige Bachdurchquerungen gehören zur Höhwald-Rundfahrt.

Informationen

Veloregion:
Kandertal / Berner Oberland

Fahrzeit:
Für die Tour von Kandersteg bis ins Gasternholz und zurück benötigen wir gut 1 h 30 min, wer bis Heimritz fährt, muss bis zu 3 h rechnen.
1 h 15 min ist für die Rundfahrt über den Höhwald erforderlich.
Kandersteg – Frutigen: 1 h 15 min

Veloroute:
Kandersteg – Frutigen ist mit roten Velowegschildern markiert, die beiden anderen Routen mit gelben Wanderwegweisern.

Velokarten:
Velokarte 16 «Berner Oberland», Verlag Hallwag Kümmerly+Frey, Massstab 1:60 000. Karte Bike-Explorer «Berner Oberland West, Massstab 1:80 000, im Buchhandel oder bei www.bike-explorer.ch erhältlich.

Schwierigkeitsgrad:
Gasterntal: Mittelschwer bis anspruchsvoll – Schotterwege mit wenig Autoverkehr
Höhwald: Mittelschwer – für Motorfahrzeuge gesperrt
Kandersteg – Frutigen: leicht – Natur- und Teerwege, auch Wanderer sind unterwegs.

Höhenmeter:
Gasterntal: 191 m bis Gasternholz, 465 m bis Heimritz (bergauf/bergab)
Höhwald: 88 m bergauf und bergab
Kandersteg – Frutigen: 397 m bergab

Velosaison:
Ab ca. Mitte Juni bis Ende Oktober ist das Gasterntal schneefrei. Zwischen Kandersteg und Frutigen kann man oft schon im April radeln.

Anreise ÖV:
Von Bern über Spiez (umsteigen) nach Kandersteg

Anreise Auto:
Auf der A6/A8 Bern – Interlaken bis Verzweigung Spiez. Weiter durchs Kandertal über Frutigen nach Kandersteg. Parkplätze beim Bahnhof.

Zurück zum Ausgangspunkt:
Von Frutigen mit dem RegionalExpress zurück nach Kandersteg

Velomiete:
Bahnhof Kandersteg
Tel. 033 675 83 84

Attraktionen für Familien:
Freibad mit 26 °C Badetemperatur und Rutschen in Kandersteg

Weitere Auskünfte:
Kandersteg Tourismus
3718 Kandersteg
Tel. 033 675 80 80
www.kandersteg.ch

gelangen wir auf dem mit roten Veloschildern markierten Weg.

Kandersteg – Frutigen

Praktisch ausschliesslich Naturstrassen, alles bergab – die Radtour von Kandersteg nach Frutigen ist ein richtiger Klassiker und prima ausgeschildert, so dass niemand falsch fahren kann. Familien mit Kindern freuen sich darüber, dass sie hier praktisch keinem Auto begegnen. Unterwegs können wir einen kleinen Abstecher zum Blausee unternehmen, bevor wir weiter talauswärts nach Frutigen radeln. Ganz am Schluss geht's dann noch über Teerstrassen bis zum Bahnhof.

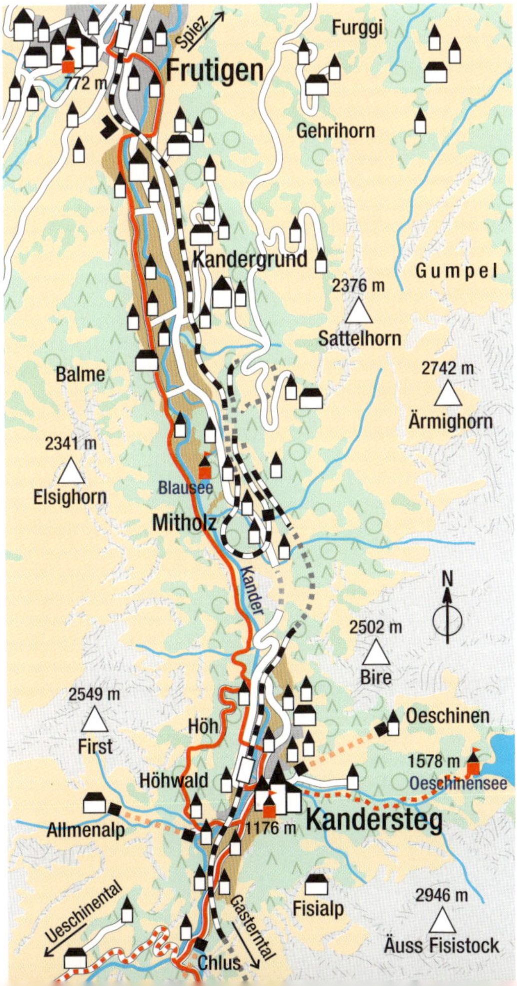

EXTRA-Touren

Aufstieg ins Ueschinental

Alle, die vor keinem grossen Höhenunterschied zurückschrecken, werden an den folgenden beiden Touren sicher Freude haben. Voraussetzung ist eine gute Kondition, ein Mountainbike mit griffigen Stollenreifen und eine Portion Ausdau-

er. Wenige hundert Meter hinter der Talstation der Luftseilbahn Kandersteg – Sunnbüel verzweigt sich die Strasse. Links geht's ins Gasterntal, rechts über ein teilweise geschottertes und geteertes Strässchen viele Serpentinen hinauf ins abgelegene Ueschinental. Auf rund 2000 m ü. M., wo sich das prächtige Hochtal zum Halbrund schliesst, kommen wir nur noch zu Fuss weiter – zum Beispiel in zwei Stunden (Hin- und Rückweg) zum kristallklaren Tällisee auf 2405 m ü. M.

Ein Bad im Oeschinensee

Zugegeben, es gibt bequemere Wege zum Oeschinensee, als mit dem Mountainbike die steilste aller steilen Strasse hochzukraxeln. Wer ein richtiger Biker sein will, verschmäht die Gondelbahn – und weil diese sowieso keine Velos befördert, ist die Entscheidung rasch gefällt. Beim Aufstieg brennt das Fett so richtig im Körper und den Schweiss können wir anschliessend im Oeschinensee (1578 m ü. M.) bei einem kühlen Bad ertränken. Der Bergsee, von einer Felsenkulisse eingerahmt, hat schon viele Naturliebhaber entzückt. Gute Bremsen, stabile Handschuhe und etwas Verantwortungsbewusstsein sind bei der anschliessenden steilen Abfahrt zurück nach Kandersteg erforderlich.

Bilderbogen von einem Mountainbike-Tag zwischen Beatenberg, Justistal und Sigriswil

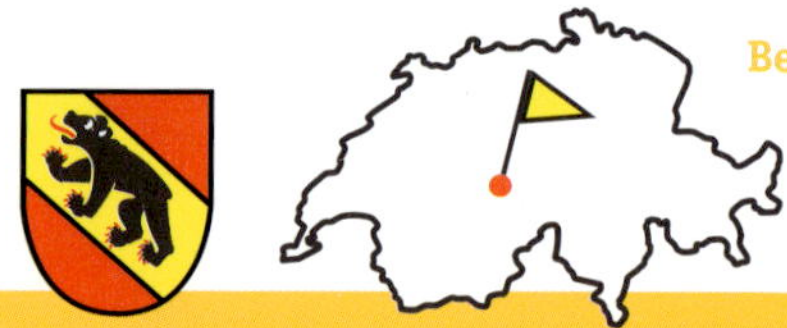

Beatenberg (BE)

Panoramastrasse übe dem Thunersee

Hoch über dem Thunersee liegt auf einer Sonnenterrasse das längste Dorf Europas. Die vier Ortsteile von Beatenberg auf 1200 m ü. M. verteilen sich über eine Strecke von rund sieben Kilometer. Es gibt nur wenige Dörfer mit einer so schönen Aussicht auf der Welt. Wer in Beatenberg ein Chalet besitzt, darf sich glücklich schätzen.

Das Panorama reicht vom überwältigenden Dreigestirn mit Eiger, Mönch und Jungfrau über den vergletscherten Kranz der Berner Alpen bis zum Niesen, dem mächtigen Eckpfeiler zwischen Frutig- und Simmental. Und wer sich etwas vorbeugt, erkennt tief unten den Thunersee, auf dem wie Spielzeugboote die Kursschiffe ihr Kielwasser ziehen.

Steil abfallende Felsen und ein Tunnel

Unsere Radtour von Beatenberg über Sigriswil nach Gunten lässt sich mit einer entspannenden Schiffsfahrt auf dem Thunersee verbinden. Die Passage mit dem Schiff von Thun bis Beatenbucht dauert knapp eineinhalb Stunden. Wieder an Land, steigen wir in den bereitstehenden Wagen der Standseilbahn, der uns 561 Meter höher ins Panoramadorf Beatenberg bringt. Wir beginnen unsere Tour mit einem kleinen Aufstieg in westlicher Richtung. Zwar pedalen wir den ganzen Weg über den Asphalt, dies hat aber den Vorteil, dass auch Ausflügler mit Citybikes problemlos vorankommen. Nach der kurzen, kaum anstrengenden «Kletterei» stehen wir vor den Felsen der Legiwand. Keine Sorge, das Strässchen ist sicher, und die steil

abfallenden Kalksteinwände der Niederhornkette werden mittels eines dunklen Tunnels durchquert. Dieser ist zwar schnurgerade, und man kann das andere Ende sehen, ein Velolicht ist trotzdem von Vorteil. Nachdem wir wieder draussen sind, entdecken wir tief unter uns das Uferdorf Merligen am Thunersee. Vorsicht: Links von der Strasse geht's praktisch senkrecht bergab. Bei der Grönhütte macht die Strasse einen Knick. Wir könnten von hier aus nach Norden ins Justistal und wieder zurück radeln (es geht allerdings kräftig bergauf). Eine schöne Abfahrt bringt uns weiter über die Gibelegg in Richtung Sigriswil. Dabei blicken wir immer wieder zwischen den Bäumen hinunter auf den Thunersee. Es bleiben zwei Serpentinen zwischen Sigriswil und Gunten. Zurück nach Thun oder Beatenbucht fahren wir mit dem Schiff.

Informationen

Veloregion:
Thunersee / Berner Oberland

Fahrzeit:
1 h zwischen Beatenberg und Gunten. Wem dies zu wenig erscheint, kann von der Grönhütte hinauf ins Justistal strampeln. Weiter gäbe es die Möglichkeit, von Sigriswil über Tschingel und Heiligenschwendi nach Thun zu fahren (ca. 2–3 h).

Veloroute:
Lokale Velowege, Güterstrassen und Wanderwege

Velokarten:
Velokarte 16 «Berner Oberland», Verlag Hallwag Kümmerly+Frey, Massstab 1:60 000. Im Tourismusbüro ist eine Moutainbikekarte erhältlich.

Schwierigkeitsgrad:
Leicht – durchgehend asphaltiert, zwischen Beatenberg und Sigirswil dürfen Motorfahrzeuge nur mit Sonderbewilligung verkehren. Zwischen Sigriswil und Gunten brausen wir auf der Autostrasse zum See hinunter.

Höhenmeter:
Von der Bergstation der Standseilbahn bis zum Nordportal des Tunnels geht's 54 m bergauf, sonst fahren wir immer nur bergab.

Velosaison:
Mitte Mai bis Ende Oktober

Anreise ÖV:
Von Thun mit dem Schiff bis Beatenbucht und mit der Standseilbahn nach Beatenberg

Anreise Auto:
Von Thun dem See entlang bis Beatenbucht

Zurück zum Ausgangspunkt:
Von Guten mit dem Bus oder Schiff zurück nach Beatenbucht

Velomiete:
Hotel Dorint, Tel. 033 841 41 11 – Vermietung nicht nur für Hotelgäste

Attraktionen für Familien:
Strandbad in Gunten

Weitere Auskünfte:
Beatenberg Tourismus
Hälteli, 3803 Beatenberg
Tel. 033 841 18 18
www.beatenberg.ch

Östlich von Burglauenen kurbeln wir über einen schmalen Pfad.

Lehrpfad «Natur und Bahn» im Lütschinental

An der Lütschine in Wilderswil

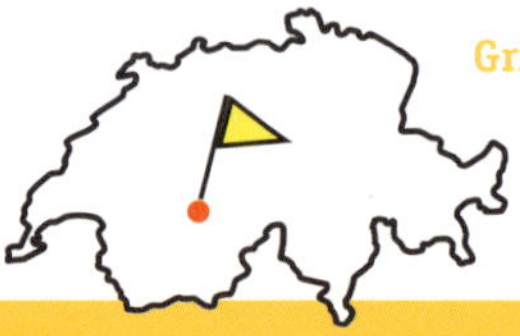

Grindelwald (BE)

Gemütlich durchs Lütschinental

«Machen Sie Ihren Neuntausender mit dem Bike», fordert die Bikearena Grindelwald in ihrem Prospekt die Velofans auf. Als Familie verzichten wir auf so viele Höhenmeter, die Kinder danken es. Sie lieben es, wenn es geradeaus oder bergab geht. Auch dafür ist im Berner Oberländer Gletscherdorf gesorgt. Eine einfache Veloroute führt durchs Lütschinental hinunter nach Interlaken.

Es gab eine Zeit in Grindelwald, als die protestantischen Talbewohner einen Kapuzinerpater aus dem benachbarten Obwalden holten, um den vordringenden Gletscher zu beschwören, der bereits mehrere Alphütten plattgewalzt hatte. Die Rituale des Paters scheinen genützt zu haben, denn seither zieht sich der Gletscher immer weiter zurück, so dass man in der heutigen Zeit fast nicht mehr vom Gletscherdorf sprechen kann. Mit scharfem Blick erkennen wir trotzdem die ewigen Eisfelder, welche noch immer drohend an den Felswänden hängen und von Zeit zu Zeit ihre Eisblöcke mit einem unheimlichen Grollen ins Tal hinunter donnern lassen.

Links und rechts der Schwarzen Lütschine

Unsere Velotour beginnt am Bahnhof von Grindelwald. Bevor wir unserem Stollengaul die Sporen geben und am Parkhaus vorbei nach Grund hinunterbrausen, lohnt sich eine kleine Rundfahrt durch Grindelwald, zum Beispiel zur schönen Dorfkirche und wieder zurück. Schönheitshungrige Augen erfreuen sich dabei

Die Bergkirche von Grindelwald zusammen mit dem 3692 m hohen Wetterhorn – ein beliebtes Postkartenmotiv

Die erste kurze Abfahrt entlang von Quartierstrassen zwischen Grindelwald und Grund

Der Weg wurde vom verherenden Unwetter im August 2005 teilweise zerstört. Schon im Frühjahr 2006 fuhren wieder die ersten Biker.

In Burglauenen führt das Veloschild in die Irre. Wir folgen nicht der Hauptstrasse, sondern nehmen das Weglein gegenüber den Gleisen.

über die blumengeschmückten Holzfassaden der typischen Berner Oberländer Chalets. Nach der kurzen Abfahrt nach Grund überqueren wir beim Bahnhof das Gleis der Wengernalpbahn und zweigen wenige Meter danach links zur Brücke ab, auf der wir die Schwarze Lütschine überqueren. Wir setzen unsere Tour auf der praktisch ebenen Teerstrasse über den Grindelwaldner Ortsteil Boden fort, unterqueren die Männlichen-Gondelbahn und erreichen das Ufer des oft die ganze Talschaft bedrohenden Wildbachs. Den Hartbelag tauschen wir gern gegen ein Schotterbett, auf welchem unsere Stollenpneus knirschen. Zunächst pedalen wir direkt an der Lütschine, später durch den Wald und über ein schmales Flurweglein nach Burglauenen, wo wir zum zweiten Mal den Bach überqueren.

Entlang von blumenreichen Wiesen

Beim Bahnhof heisst es aufgepasst: Wir folgen nicht dem roten Veloschild Richtung Interlaken. Es führt über die vielbefahrene Hauptstrasse, woran Familien mit Kindern wenig Freude aufbringen können. Stattdessen queren wir das Gleis und schieben das Rad rund 50 Meter über das Weglein mit dem allgemeinen Fahrverbot. Bei der nächsten Verzweigung gibt's einen neuen Velowegweiser, der uns nach links, ebenfalls Richtung Interlaken dirigiert. Diese Schlüsselstelle ist schlecht signalisiert und Verbesserung notwendig, damit keine ahnungslosen Familien auf die gefährliche Strasse gelangen! Unsere Route führt auf einem schmalen Strässchen stetig bergab, vorbei an blumengeschmückten Holzhäusern und Bergbauern, die vielleicht gerade am Heuen sind.
In Lütschental wurde zum Zeitpunkt der Recherchen für dieses Buch gebaut, so dass man vergeblich nach Velowegweisern suchte. Unser Weg mündet in die Hauptstrasse, der wir nur wenige Meter folgen. Schon bei der ersten Kurve, wo die Strasse die Lütschine überquert, fahren wir geradeaus auf einem Quartierweg weiter. Fern vom Touristenverkehr geniessen wir die blumenreichen Wiesen und beneiden die Camper, welche sich am Waldrand ein besonders idyllisches Fleckchen gesichert haben. Bei Baumgarten kommen wir zur Säumertaverne, deren Sonnenterrasse zu einer verdienten Erfrischung oder Stärkung einlädt, bevor wir wieder die Strasse er-

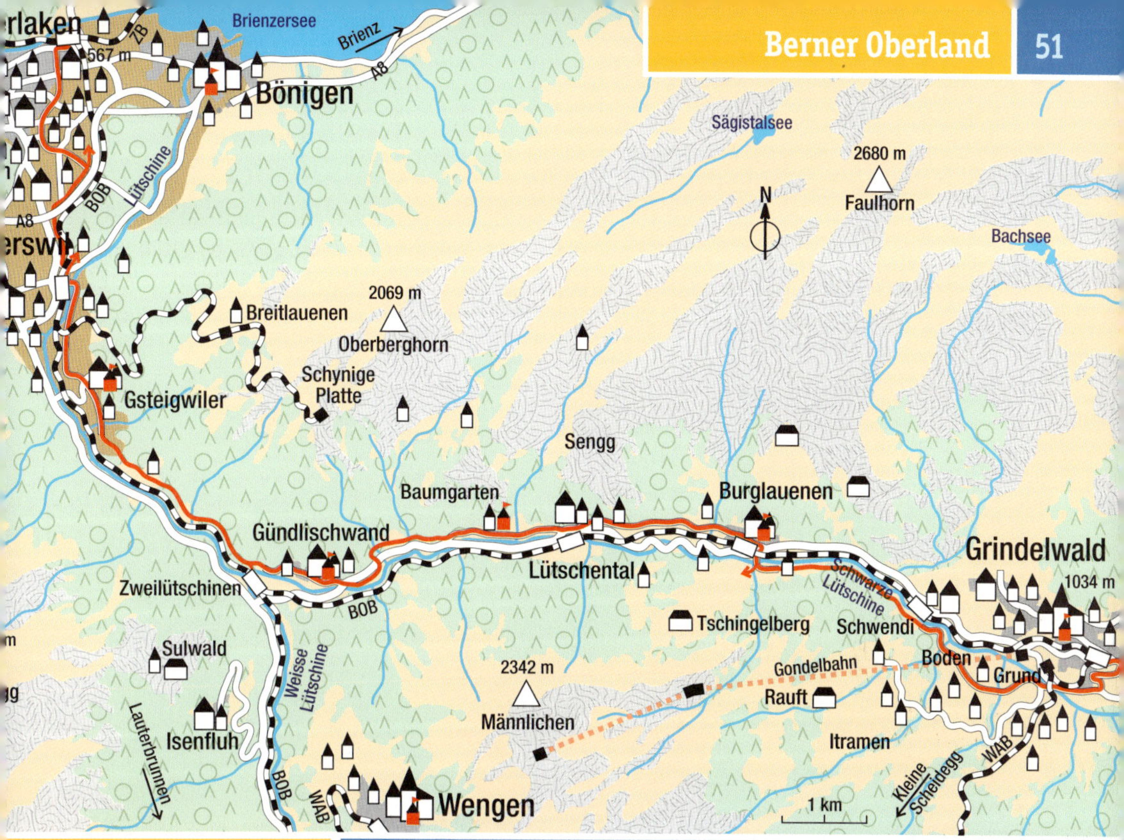

Informationen

Veloregion:
Lütschinental / Berner Oberland

Fahrzeit:
Familien, die es gemütlich nehmen und auch mal auf die Kinder warten müssen, benötigen für diese Tour rund 2 h.

Veloroute:
Wir folgen den roten Velowegweisern mit der Nr. 61.

Velokarten:
Kümmerly+Frey, Massstab 1:60 000, «Berner Oberland» oder Bike-Karte im Tourismusbüro Grindelwald

Schwierigkeitsgrad:
Leicht – meist breite Schotterstrassen, auf denen auch Wanderer unterwegs sind. Wir benutzen mit Vorteil ein Mountainbike oder ein Citybike mit griffigen Reifen.

Höhenmeter:
Fast immer geht's zwischen Grindelwald und Interlaken bergab, die kurzen Aufstiege sind selten und von jedermann problemlos zu nehmen. 467 m bergab, ca. 30 m bergauf.

Velosaison:
Die Strecke kann, je nach Schneeverhältnissen, von ca. Mitte April bis Ende Oktober befahren werden.

Anreise ÖV:
Bis Interlaken Ost mit den SBB. Weiter mit den Berner Oberland-Bahnen (BOB) nach Grindelwald.

Anreise Auto:
Von Bern über die A6/A8 bis Ausfahrt Wilderswil, von Luzern über den Brünig und die A8 ebenfalls bis Wilderswil. Weiter durchs Lütschinental via Zweilütschinen nach Grindelwald. Parkhaus Nähe Bahnhof benützen.

Zurück zum Ausgangspunkt:
Von Interlaken Ost fahren wir mit dem Zug der BOB zurück nach Grindelwald.

Velomiete:
Intersport Graf gegenüber dem Bahnhof, Tel. 033 854 88 44

Attraktionen für Familien:
725 Meter lange Sommerrodelbahn auf der Pfingstegg (von Grindelwald mit Luftseilbahn zu erreichen). Trottibike-Abenteuer zwischen Bort (Gondelbahn-Mittelstation) und Grindelwald. Freibad Hellbach mit Wasserfall, Sprudelanlage und Rutschbahn.

Weitere Auskünfte:
Grindelwald Tourismus
3818 Grindelwald
Tel. 033 854 12 12
www.grindelwald.ch

Von Grund radeln wir, das Wetterhorn im Rücken, über Boden zur Schwarzen Lütschine.

Unsere Route führt auch durch den alten, sehenswerten Dorfkern von Wilderswil.

reichen und gleich wieder rechts abzweigen. Auf dem weiteren Weg unterqueren wir die Strasse durch einen kurzen Tunnel und bei Gündlischwand wechseln wir wieder vorsichtig die Seite.

Lehrpfad «Natur und Bahn»

Den Bahnhof Zweilütschinen lassen wir links liegen und folgen dem Lehrpfad «Natur und Bahn». Er bringt uns auf einem breiten Schotterweg nach Gsteigwiler, das wir rasch durchquert haben. Eine kleine Abfahrt führt

durch den Wald nach Wilderswil, wo wir die Lütschine auf einer gedeckten Holzbrücke zum dritten Mal überqueren. Direkt am Weg liegt der alte Dorfplatz mit seinen behäbigen Holzhäusern. Wir fahren am Depot der Schynige Platte-Zahnradbahn vorbei und wählen den Weg links vom Gleis der BOB. Er führt uns in einem Bogen nach Matten, wo der Mystery-Park im Herbst 2008 noch immer nach einer neuen Nutzung suchte. Wir finden rasch den Weg durch die Strassen von Matten und erreichen nach gut zwei Stunden Fahrzeit den Bahnhof Interlaken Ost.

Unser FAMILY-Tipp:

Trottibike in Grindelwald

Leider befördern die Bahnen rund um Grindelwald keine Mountainbikes. Wer in höhere Regionen will, muss deshalb kräftig in die Pedale treten und etwas für seine Fitness tun. Dies begeistert nur wenige Kinder. Also lassen wir das Velo

bei der Talstation der Firstbahn stehen und fahren mit der 6er-Gondel bis zur Mittelstation Bort. Dort können wir ein Trotti mieten, mit dem wir genauso schnell wie mit dem Mountainbike ins Tal hinunter fahren. Dabei geht's über geteerte Wege, auf denen auch vereinzelt Autos und Traktoren verkehren. Es gelten die üblichen Vorsichtsregeln, dass man jederzeit anhalten kann. Die Trottibike-Abfahrt endet bei der Talstation der Firstbahn, die wir in lockerer Fahrt erreichen. Mit den Füssen müssen wir nur ganz wenig abstossen, die Schwerkraft der Talfahrt ist ein prima Motor! In Grindelwald angekommen, entscheidet das Familienbudget, ob eine weitere Runde drin liegt – oder ob wir nun zu unserer Velotour starten, welche ebenfalls meistens bergab geht.

Firstbahn AG
3818 Grindelwald
Tel. 033 828 77 11
www.jungfraubahn.ch

Im Wald entdecken wir das Grandhotel Giessbach.

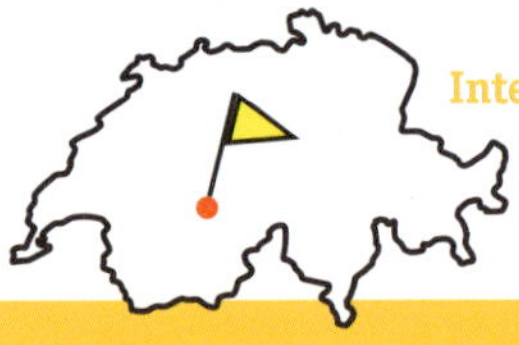

Wildromantische Urlandschaft

Zwischen Brienz und Bönigen bei Interlaken breitet sich der etwa 14 Kilometer lange und drei Kilometer breite, flaschengrüne Brienzersee aus. Anders als der grössere und heitere Thunersee strahlt das wildromantische Gewässer einen etwas melancholischen, urlandschaftlichen Reiz aus. Für Velofahrer und Mountainbiker ist der Brienzersee ein kleines Paradies, denn sie finden hier über weite Strecken verkehrsarme und autofreie Uferwege und -strässchen.

Die hochaufragenden Gebirgszüge mit ihren teilweise bis ans Ufer reichenden Wäldern tragen viel zum Ein-

Unterwegs zur nie vollendeten Schadburg, kurz vor unserem Ziel Niederried

f den ersten Kilometern pedalen wir über
ien breiten, autofreien Waldweg oberhalb
s flaschengrünen Brienzersees.

druck einer wildromantischen Urlandschaft bei. Auf dem See sind von Mai bis Oktober Ausflugsschiffe unterwegs, so auch der historische Raddampfer «Lötschberg».

Vom Giessbach zum Schnäggeninseli

Unsere Radtour beginnt beim Bahnhof Brienz. Um nicht auf der Hauptstrasse zu fahren, wie es das Veloschild vorschlägt, können wir den Fussweg am See nehmen. Hier sollten wir das Rad allerdings schieben, obwohl sich kaum jemand an diese Vorschrift hält. Bei der Bahnunterführung in Kienholz treffen wir wieder auf den Veloweg. Wir kommen gut voran, denn der Weg über den Campingplatz bis Wychelmatten ist eben. Dieser Zustand hält allerdings nicht lange an.

Am Waldrand treten wir kräftiger in die Pedale und nehmen die erste Steigung, zum Glück im Schatten, bis zu den berühmten Giessbachfällen. In tiefer Waldeinsamkeit und mit prächtiger Aussicht über den See lockt das Grandhotel Giessbach viele Gäste an, die hier Ruhe und Erholung finden. Neben dem Gebäude rauscht der mächtige Giessbachfall über 14 Felsstufen dem Brienzersee entgegen. Wir kurbeln weiter durch den Wald und dirigieren unsere Bikes über die Kiespiste in den Unterholzwald. Aufgepasst: Schilder warnen vor Absturzgefahr. Die imposante Aussicht auf den See und auf das über allem thronende Brienzer Rothorn sollte nicht dazu verleiten, den exponierten Forstweg aus den Augen zu verlieren. Nach dem Autobahnrastplatz Glooten erfreut uns eine kurze Abfahrt. Besonders reizvoll ist das kleine, Iseltwald vorgelagerte Schnäggeninseli. Unser Strässchen mündet direkt in den Uferweg, den wir mit wenigen Autos teilen müssen. In einigen Seebeizlis haben wir Gelegenheit neue Energie zu tanken. Diese benötigen wir auch, denn nach dem idyllischen Fischerdorf wartet schon die nächste Steigung auf uns.

Fahren oder schieben?

Bei Sengg haben wir auch diese Fitnessübung geschafft und wir geben unserem «Tretesel» wieder die Sporen. Nach einer romantischen Fahrt entlang dem Ufer erreichen wir Bönigen. Gleich beim Hotel Seiler au Lac verlassen wir die nationale Veloroute und folgen der Seepromenade, überqueren die Lütschine und kurbeln am Strandbad vorbei zum Campingplatz. Auch hier hält sich kaum jemand an die Vorschrift, das Velo zu schieben. Wir sollten es dennoch tun! Der Wanderweg führt dem Ufer des Brienzersees entlang bis zur Eisenbahnbrücke über die Aare. Diese ist rasch überquert und auf der anderen Seite erwartet uns nach dem «Katzenpfad» eine deftige Steigung, wo gemütliche Familienradler defi-

Informationen

Veloregion:
Brienzersee / Berner Oberland

Fahrzeit:
Von Brienz über die Giessbachfälle und Iseltwald nach Bönigen benötigen wir rund 2 h; über Ringgenberg und die Schadburg nach Niederried sind es nochmals 1 h 15 min.

Veloroute:
Lokaler Veloweg von Brienz bis zum Anschluss an die «Aare Route» Nr. 6. Ab Bönigen bis Niederried folgen wir den gelben Wanderwegweisern.

Velokarte:
Kümmerly+Frey, Massstab 1:60 000, «Berner Oberland»

Schwierigkeitsgrad:
Mittelschwer – ausser zwischen Iseltwald und Bönigen (wo wir auch wenigen Autos und dem Postbus begegnen) fahren wir praktisch ausschliesslich auf Naturstrassen und Feldwegen.

Höhenmeter:
Drei Aufstiege erwarten uns: 145 m zwischen Wychelmatten und Hohflue, 106 m zwischen Iseltwald und Sengg sowie 158 m zwischen der Aarebrücke und der Schadburg.

Velosaison:
Wenn kein Schnee und Eis liegt, kann die Strecke das ganze Jahr befahren werden.

Anreise ÖV:
Bis Interlaken Ost mit den SBB. Weiter mit der Zentralbahn (ZB) nach Brienz.

Anreise Auto:
Von Bern oder Luzern über die A8 bis Ausfahrt Brienz. Beim Bahnhof sowie im Dorf gibt es nur beschränkte Parkmöglichkeiten.

Zurück zum Ausgangspunkt:
Von Niederried fahren wir mit der Zentralbahn zurück nach Brienz.

Velomiete:
Die nächstgelegene Velovermietungsstation ist Meiringen. Am Bahnhof (Tel. 051 221 33 22) können Elektro-Flyer gemietet werden. Bei Wyss Radsport (Tel. 033 971 58 08) gibt's Mountainbikes.

Attraktionen für Familien:
Zwischen Iseltwald und der Aarebrücke westlich von Bönigen finden wir schöne Badebuchten am Brienzersee. Ein kleiner Abstecher (zu Fuss) zur Schadburg wird Kinder ebenfalls begeistern.

Weitere Auskünfte:
Tourist Info Brienz-Axalp
3855 Brienz
Tel. 033 952 80 80
www.haslital.ch

schwindigkeit anpassen: An einigen Stellen
der Weg sehr exponiert!

Bei Widi überblicken wir den gesamten Brienzersee bis zu den Giessbachfällen.

Oben: Aussichtsreicher Waldweg bei Hohflue
Unten: Unsere Route verläuft bei Bönigen über weite Strecken direkt am Ufer.

nitiv zum Absteigen und Schieben gezwungen werden. Nach der Kirche unterqueren wir das Trassee der Zentralbahn und erreichen im Zentrum von Ringgenberg die Hauptstrasse. Ein Gässlein bringt uns auf der anderen Seite wieder weg von diesem ungeliebten Verkehrsweg und wir finden alsbald den Pfad hinauf zum Moosrain, wo wir in ein kontinuierlich ansteigenden Strässchen einbiegen. Auf 726 m ü. M. verlassen wir dieses wieder und gelangen über einen Feldweg in Richtung Schadburg. Diese versteckt sich im Wäldchen rechts von uns. Wer der Ruine einen Besuch abstatten will, sollte das Velo stehen lassen und den kleinen Abstecher zu Fuss unternehmen. Wieder zurück beim Bike geniessen wir die Abfahrt über Widi nach Niederried am Brienzersee. Zurück zum Ausgangspunkt in Brienz könnten wir alternativ zur Bahn auch das Schiff nehmen.

Drei Impressionen unserer Radtour von Sörenberg über Kemmeriboden-Bad nach Schangnau

Sörenberg (LU)

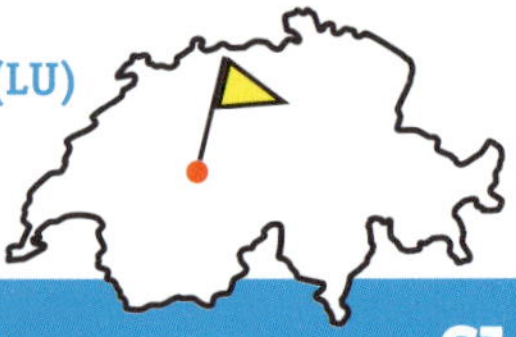

Schrattenfluh: steinernes Spaltenmeer

Eine nachhaltige Nutzung der Lebensräume gilt seit dem Jahr 2001 im UNESCO-Biosphärenreservat Entlebuch. Diese Region besitzt eine Vielzahl einzigartiger Naturschätze. Rund die Hälfte des Entlebuchs stehen unter nationalem Schutz – darunter auch das bizarre Felsengebirge der Schrattenfluh.

Um besonders eindrückliche Berglandschaften zu erleben, muss man keineswegs immer bis auf 3000 Meter steigen. Manchmal kommt man bereits in einem hochgelegenen Bergtal der Voralpen auf seine Rechnung. Die Schrattenfluh besteht aus einer einzigen, gegen das Tal der Waldemme geneigten Felsplatte aus Schrattenkalk. Wir sehen einen weiss leuchtenden Fels, der von einem steinernen Spaltenmeer überzogen ist. Es handelt sich bei diesem Phänomen um mehr oder weniger tiefe Rinnen im Kalkgestein, verursacht durch die chemische Wirkung des Regenwassers. Diese sogenannten «Karren» können mehrere Meter tief werden.

Riesen-«Meränggen» in Kemmeriboden

Vom Dorfzentrum Sörenberg, wo das Postauto hält und genügend Parkplätze vorhanden sind, fahren wir auf dem Kies- und Wanderweg sowie ein kurzes Stück auf der Strasse bis zum Weiler Südelhöchi, wo der anstrengende Teil unserer Radtour nach Schangnau beginnt. Bis zum Hochmoor von Salwideli müssen knapp 200 Höhenmeter bezwungen werden. Wer an diesem Kurbelvergnügen kein Spass hat, darf das Rad natürlich auch schieben. Bei der Abzweigung zum Bergrestaurant fahren wir geradeaus und erreichen kurz darauf die Naturrollbahn. Mountainbikes mit breiten

Stollenpneus sind hier ein Muss. Völlig mühelos pedalen wir über Wagliseiboden zum Bergbauernhof Schneebärgli, den man gut und gerne als Kulisse für einen Schweizer Heimatfilm verwenden könnte. Zu unserer Rechten erhebt sich der mächtige Gebirgszug der Schrattenfluh, der hinter dem Schneebärgli abrupt endet und steil ins Tal der Emme abfällt. In der Kurve, die sich um das Schneebärgli zieht, verlassen wir den breiten Alpweg und dirigieren unsere Bikes auf einem schmalen Karrenweg hoch über dem Bärselbach in den Wald hinein. Weiter unten wird der Pfad wieder breiter, wir überqueren die Kantonsgrenze zwischen Luzern und Bern und gelangen schliesslich bei Kemmeriboden-Bad in den Talboden der Emme. Das heutige Hotel wurde in den Jahren 1892-94 erbaut. Die bekannten Kemmeriboden-«Meränggen», eine harte, schaumartige Süssspeise, zählen zu den besten und grössten, die im Kanton Bern geboten werden. Nun fahren wir alles talauswärts auf der schmalen Teerstrasse und erreichen nach weiteren sechs Kilometern Schangnau auf 930 m ü. M. Wer mag, kann noch bis Wiggen kurbeln, allerdings gibt's auf dieser Strasse schon bedeutend mehr Autos. Spätestens in Wiggen beenden wir unsere Tour und gelangen mit dem öV zurück nach Sörenberg.

Informationen

Veloregion:
Entlebuch / Zentralschweiz

Fahrzeit:
Gemütliche Fahrer benötigen bis Schangnau knapp 3 h.

Veloroute:
Lokaler Veloweg

Velokarte:
Swiss Singletrail Map «Entlebuch-Emmental», Massstab 1:50 000, erhältlich im Tourismusbüro von Sörenberg

Schwierigkeitsgrad:
Leicht anspruchsvolle Radtour mit einem mittelschweren Aufstieg. Zwischen Wagliseiboden und Kemmeriboden-Bad grob gekiester Alpweg.

Höhenmeter:
198 m bergauf zwischwen Südelhöchi und Salwideli.

Velosaison:
Von ca. Mitte Mai bis Ende Oktober

Anreise ÖV:
Mit den SBB von Luzern oder Bern bis Schüpfheim. Von dort aus mit dem Postauto nach Sörenberg.

Anreise Auto:
Auf der A2 bis Ausfahrt Emmen-Süd. Weiter über Wolhusen ins Entlebuch. Nach dem Dorf Schüpfheim Linksabzweigung Richtung Sörenberg beachten.

Zurück zum Ausgangspunkt:
Mit Bahn und Postauto via Wiggen und Schüpfheim zurück nach Sörenberg.

Velomiete:
Mountainbikes können bei Intersport Felder in Sörenberg gemietet werden (Tel. 041 488 12 49).

Attraktionen für Familien:
Zum Abschluss der Tour gönnen wir uns einen Sprung ins Wasser des Freibades Schüpfheim (vom Bahnhof in 15 Gehminuten zu erreichen).

Weitere Auskünfte:
Sörenberg Flühli Tourismus
Rothorn-Center, 6174 Sörenberg
Tel. 041 488 11 85
www.soerenberg.ch

Engelberg (OW)

Gemütlich am See oder Downhill am Berg?

Grosses Bild: Eine gemütliche Rundfahrt am Trüebsee ist auch mit Kindern möglich.
Kleines Bild: Wegverzweigung unterhalb Gerschnialp

Unser Ausflug mit dem Velo nach Engelberg besteht aus drei Teilen. Eine Runde am 1775 Meter hoch gelegenen Trüebsee, die Abfahrt von der Gerschnialp nach Engelberg und die längere Velotour durchs Tal der Engelberger Aa nach Stans. Hartgesottene Mountainbiker, auch Väter mit Söhnen, wagen sich zudem durchs «Kanonenrohr» zwischen Ober Trüebsee und Unter Trüebsee.

Mit 3239 Meter ist der Titlis nicht nur der höchste Gipfel im Kanton Obwalden, sondern auch das Wahrzeichen des Klosterdorfes Engelberg. Der mächtige und berühmte Berg versteckt sich aber hinter einer fast senkrecht aufsteigenden Felswand. So muss es sich der Titlis gelegentlich gefallen lassen, dass ihn Ortsunkundige mit dem 2607 Meter hohen Hahnen vewechseln.

Die Titlisbahn mit dem «Rotair», eine drehbare Kabine, übt eine magische Anziehungskraft für Touristen aus dem Fernen Osten aus. Wer Europa im Eiltempo besucht, muss eben auch eine kurze Fahrt zu Schnee und Eis auf den Titlis unternehmen.

Auch uns zieht es gleich zur Talstation der Titlisbahn, die sowohl mit dem öffentlichen Verkehrsmittel wie auch mit dem Auto gut zu erreichen ist. Gegen einen kleinen Aufpreis wird das Velo an die Gondelbahn gehängt. Trinkflaschen und andere aufsteckbare Ausrüstungsgegenstände sollten wir vorher entfernen, sonst verschwinden sie auf Nimmerwiedersehen im Bergwald.

Kühe drängeln sich auf dem Weg

Auf 1796 Meter bei der Zwischenstation Trüebsee angekommen, ist für Biker Endstation. Weiter oben gibt's nur noch Gletscher, unwegsame Felsen und Geröllhalden. Wer mag, kann das Velo stehen lassen und mit zwei weiteren Luftseilbahnen via Stand auf den Titlis schweben. Für diesen zusätzlichen Abstecher benötigen wir rund eine Stunde. Die meisten verzichten, denn schliesslich sind sie zum Velofahren hergekommen. Auch drängeln die Kinder, dass es nun endlich losgehen soll. Eine kurze, ungefährliche Abfahrt bringt uns zum Trüebsee auf 1775 m ü. M. Wir wählen den Weg, der rechts abzweigt und treten gleich kräftig in die Pedale, um die geringe Steigung mit Schwung zu nehmen. Hier gäbe es sogar eine Feuerstelle für all jene, die ihr Picknick im Rucksack mitführen. Es wird heute kaum mehr einen schöneren Platz zum Essen geben! Die Rundfahrt um den See dauert ohne Pausen etwa 45 Minuten, besonders bei der Alp Hüethütte drängeln sich Kühe auf dem Weg, was zu einigen Verzögerungen führt. Auch gilt es immer wieder den wohl zum Älplerleben gehörenden Kuhfladen auszuweichen.

Bei der Bergwirtschaft am Südende des Sees besteht die Möglichkeit, auf einem Schotterweg nach Unter Trüebsee zu fahren. Doch Vorsicht: Auf diesen Weg sollten sich nur geübte Mountainbiker mit griffigen Stollenpneus wagen, keinesfalls Familien mit kleinen Kindern. Der Weg durchs «Kanonenrohr», wie diese Region auch bezeichnet wird, ist zwar breit, doch im Bereich der Gäntiegg so steil, dass einige Biker sogar absteigen. Sicherer und bequemer ist die Talfahrt zur Gerschnialp mit der Gondelbahn.

Breiter Schotterweg rund um den Trüebsee. Zwar geht es mancherorts leicht bergauf und bergab, die kleinen Steigungen nehmen wir aber problemlos ohne das Velo zu schieben.

Auf der Bobbahn

Bei der Gerschnialp laden wir das Bike wieder aus der Gondelbahn und fahren völlig mühelos auf dem Teersträsschen über Unter Trüebsee, wo auch der Weg durchs «Kanonenrohr» einmündet, über die ehemalige Engel-

Ob diese neugierige Kuh (rechts oben) noch nie einen Mountainbiker gesehen hat? Nach der Abfahrt von der Gerschnialp nach Engelberg (Mitte rechts) besuchen wir im Dorf das stattliche Kloster (oben).

berger Bobbahn in mehreren Kehren direkt zur Talstation der Titlisbahn hinunter. Wir schliessen eine kleine Rundfahrt durchs Dorf mit seinen zahlreichen Läden, Hotels und Restaurants an – in der Fussgängerzone muss das Fahrrad geschoben werden. Natürlich

Informationen

Veloregion:
Engelberg / Obwalden

Fahrzeit:
45 min für die Rundfahrt am Trüebsee, nochmals ca. 45 min für die schwierige Abfahrt nach Unter Trüebsee, ca. 30 min von Gerschnialp nach Engelberg und rund 2 h für die Fahrt von Engelberg nach Stans.

Veloroute:
Ab Wolfenschiessen können wir den offiziellen Velowegweisern folgen.

Velokarten:
Kümmerly+Frey, Massstab 1:60 000 «Luzern-Vierwaldstättersee»

Schwierigkeitsgrad:
Trüebsee: leicht,
Ober Trüebsee – Unter Trüebsee: anspruchsvoll (nur für geübte Mountainbiker),
Gerschnialp – Unter Trüebsee – Engelberg: leicht (Teerstrasse),
Engelberg – Wolfenschiessen: mittelschwer (teils schmale Schotterwege),
Wolfenschiessen – Stans: leicht

Höhenmeter:
Trüebsee – Engelberg 794 m bergab bzw. Gerschnialp – Engelberg 260 m bergab. Engelberg – Grafenort 429 m bergab. Grafenort – Stans praktisch eben.

Velosaison:
Am Trüebsee können wir von Juni bis Oktober radfahren, die Fahrt durchs Tal der Engelberger Aa ist schon ab Mai möglich.

Anreise ÖV:
Vom Hauptbahnhof in Luzern fährt die Zentralbahn (ZB) in einer Stunde nach Engelberg.

Anreise Auto:
Von Luzern auf der A2 Richtung Gotthard bis Ausfahrt Stans-Süd. Weiter durchs Tal der Engelberger Aa bis ins Klosterdorf Engelberg. Grosser gebührenpflichtiger Parkplatz bei der Talstation der Titlisbahn.

Zurück zum Ausgangspunkt:
Von Stans fahren wir mit dem Zug der ZB zurück nach Engelberg.

Velomiete:
Im Bahnhof Engelberg können Countrybikes gemietet werden. Vis-à-vis vom grosser Parkplatz bei den Titlisbahnen gibt's Miet-Mountainbikes: Stöckli-Sport, Tel. 041 637 04 44.

Attraktionen für Familien:
Sommer-Rodelbahn auf Ristis (Mittelstation Brunnibahn), Robinson Spielplatz «Grotzenwäldli». Familienspielparadies Wirzweli.

Weitere Auskünfte:
Engelberg-Titlis-Tourismus
Tourist Center, 6390 Engelberg
Tel. 041 639 77 77
www.engelberg.ch

Der Trüebsee ist nur mit der Gondelbahn zu erreichen, das Velo wird an die Kabinen gehängt.

gehört auch ein Besuch beim riesigen Kloster von Engelberg zu dieser Rundfahrt. Die geistigen Herren trugen in der Vergangenheit viel dazu bei, dass das einst so abgelegene Tal durch den Verkehr und den Tourismus erschlossen wurde. Jeweils von Mittwoch bis Samstag finden um 10.00 und 16.00 Uhr Führungen (Mindestteilnahme sechs Personen) durch die Klostergebäude statt.

Ruppig oder gemütlich nach Stans

Vielleicht ist nach diesen vielen Erlebnissen der Tag bereits zu Ende und wir fahren nach Hause. Wenn noch genügend Zeit und Kraft vorhanden ist, können wir von Engelberg talauswärts bis nach Stans mit dem Velo fahren. Über die Talstation der Titlisbahn gelangen wir an den künstlichen See bei Niederberg. Das allgemeine Fahrverbot zwingt ordentliche Biker zum Absteigen und Schieben am Ufer. Am Ostende des Sees können wir uns dann wieder aufs Rad schwingen.
Die Abfahrt von Engelberg nach Grafenort führt wieder über Schotter- und Wanderwege, die mancherorts recht ruppig sind. Zwischen Grafenort und Wolfenschiessen geht's zudem über einen schmalen Waldwanderweg. Familien mit kleinen Kindern nehmen besser den Zug bis Wolfenschiessen. Dort angekommen, wartet ein ebener, familientauglicher Weg auf die Radler. Keinesfalls sollten wir aber

dem offiziellen und mit roten Wegweisern ausgeschilderten Radweg folgen. Er führt völlig familien-unfreundlich über die gefährliche und viel befahrene Kantonsstrasse nach Grafenort und Wolfenschiessen.
Es bleibt der Ausklang auf einem breiten, teilweise geteerten Landwirtschafts- und Radweg, der von Wolfenschiessen über Dallenwil zum Bahnhof in Stans führt. Für das letzte Teilstück benötigen wir nochmals gut eine Stunde. Hoffentlich bleibt noch etwas Zeit, um die schöne Altstadt in Stans zu bewundern, bevor wir in den Zug der Zentralbahn steigen und die Heimreise antreten.

Unser FAMILY-Tipp:

Familienfreizeitpark Wirzweli
Direkt an unserer Radroute liegt die Talstation der Tandembahn Dallenwil – Wirzweli. Hier lohnt es sich, unsere Tour zu unterbrechen, das Velo stehen zu lassen und mit dem modernen gelben Bähnchen hinauf auf 1221 m ü. M. zu

fahren. Es empfiehlt sich sogar ein Zweitäger: Zum Beispiel am Samstag Titlis und Trüebsee mit der Abfahrt nach Engelberg sowie eine Dorfrundfahrt mit Klosterbesichtigung. Am Sonntag die Fahrt durchs Tal der Engelberger Aa mit einem Abstecher nach Wirzweli.
Das kleine Feriendorf hat sich ganz dem Familientourismus verschrieben. Hier gibt es alles, was das Kinderherz begehrt. «Zauberland» nennt sich dieses Spielparadies. Es ist wirklich erstaunlich, was für Kids geboten wird: Kletterturm, Tannenzapfen-Rutschbahn, Märlibaum, unendlich viele Spielgeräte, Eulenpfad, Tiere zum Streicheln wie Zwerggeissli und andere glückliche Tiere, wie den Hahn Fritzli, den Esel Clementine, Truten, Gänse, Enten und natürlich die Shetty-Ponys zum Reiten. Direkt beim Abenteuerspielplatz wartet zudem eine spannende Sommerrodelbahn auf die Besucher.

Luftseilbahn Dallenwil – Wirzweli AG
6383 Dallenwil
Tel. 041 628 23 94
www.wirzweli.ch

Die Pfarrkirche Santi Pietro e Paolo in Ascona wurde 1599–1630 erbaut.

Die Via alla Riva gehört in Muralto den Fussgängern und Velofahren.

Lago Maggiore (TI)

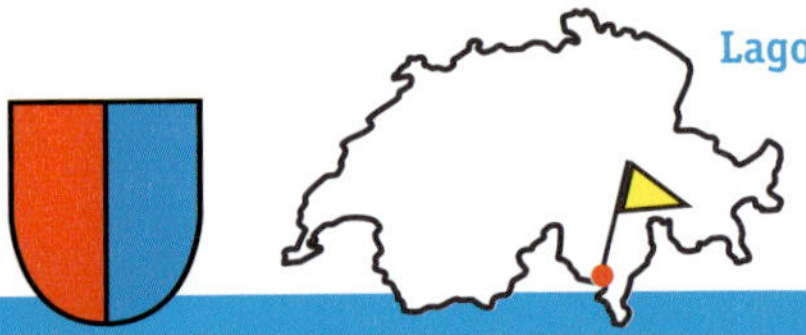

Auf zwei Rädern im Sonnenparadies

Sonne, Palmen, Orchideen, See – das klingt nach Urlaub und Entspannung, auch mal nur so für einen Tag ohne Flug und viel Geld. Die Sonnenstube am Lago Maggiore im Tessin erreichen wir am besten mit der Bahn. Auf den üblichen Gotthardstau verzichten wir gerne und der Drahtesel fährt mit der Velo-Tageskarte mit.

In Tenero am See zu stehen, ist jedesmal wieder ein grossartiges Erlebnis. Hier am Wasser unter Palmen wird Ferienstimmung zelebriert, kein Wunder, dass an schönen Sommertagen ganze Heerscharen von Velofahrern die Schönheit des Uferwegs geniessen.
Wer mit der Bahn anreist, gelangt über verkehrsberuhigte Quartierstrassen zum Sportzentrum Mappo am See. Die Autofahrer finden auf dem grossen Parkplatz selbst während der Hochsaison meist ein Plätzchen und können die Bikes ungestört abladen.

Im Schritttempo über den Seeweg

Einmal im Sattel, brauchen wir nicht kräftig in die Pedale zu treten. Der Uferweg von Tenero über Minusio und Muralto nach Locarno wird selbst Sportmuffel nicht ins Schwitzen bringen. Einzig auf die Fussgänger müssen wir unterwegs aufpassen und dabei herzhaft häufig die Klingel an der Lenkstange betätigen. Schnelle Fahrer benutzen ein Strässchen oberhalb des Sees, denn auf dem Seeweg darf nur im schnelleren Schritttempo gefahren werden – ideal für Familien, denn damit gefährden auch keine Rennradler umher-

Zwischen Tenero und Muralto pedalen wir unmittelbar am Ufer des Lago Maggiore.

Das Motorschiff «Delfino» gehört wie alle anderen Schiffe auf dem Lago Maggiore der italienischen Reederei.

kurvende Kinder. Direkt am Weg gibt's zahlreiche Höhepunkte: so den mittelalterlichen Festungsturm Cà di Ferro oder die Kirche von San Quirico, der ein wunderschöner Park mit Palmen und Schlösschen angegliedert ist. Kinder interessieren sich vermutlich mehr für den feinsandigen Strand und die kostenlosen Badeplätze direkt am Velo- und Wanderweg.

Wegweiser-Schnitzeljagd in Ascona

Eingangs Locarno kurbeln wir auf einer wenig befahrenen Seestrasse bis zum Spielplatz am See, wo man auf Bungee-Jumping-Trampolins in die Luft gehen kann. Familien sollten auf dem Velofahrstreifen kurz vor dem Hafen ihre Kinder im Auge behalten. Danach geht's auf einem Velo-Trottoir weiter, natürlich wieder direkt am See. Zwischen dem Lido und dem Maggiaviadukt müssen wir mit wenig befahrenen Quartierstrassen Vorlieb nehmen. Den richtigen Weg finden wir dank der roten Velowegbeschilderung problemlos. Am anderen Ufer der Maggia haben wir Ascona erreicht und hier ist die Beschilderung etwas verwirrend. Wir folgen nach dem Viadukt nicht den roten Wegweisern nach Osten, sondern nehmen das unbeschilderte Strässchen, das links in einem Bogen in ein stilles Quartier von Ascona führt. Nach wenigen hundert Metern entdecken wir wieder einen Velowegweiser.

Auf diese Weise schlängeln wir uns durch weitere Quartierstrassen des Ferienortes (Motto Schnitzeljagd: Wer findet als Erster die nächste Velomarkierung?) und gelangen schliesslich zum See. Über die herrliche Seepromenade und durch die schmalen Gassen darf man den Stollengaul nur schieben (allgemeines Fahrverbot). Einige Gleichgesinnte scheinen sich aber nicht daran zu halten. Nach einem Eisbecher in einem der zahlreichen Strassencafés fahren wir auf dem gleichen Weg zurück nach Tenero.

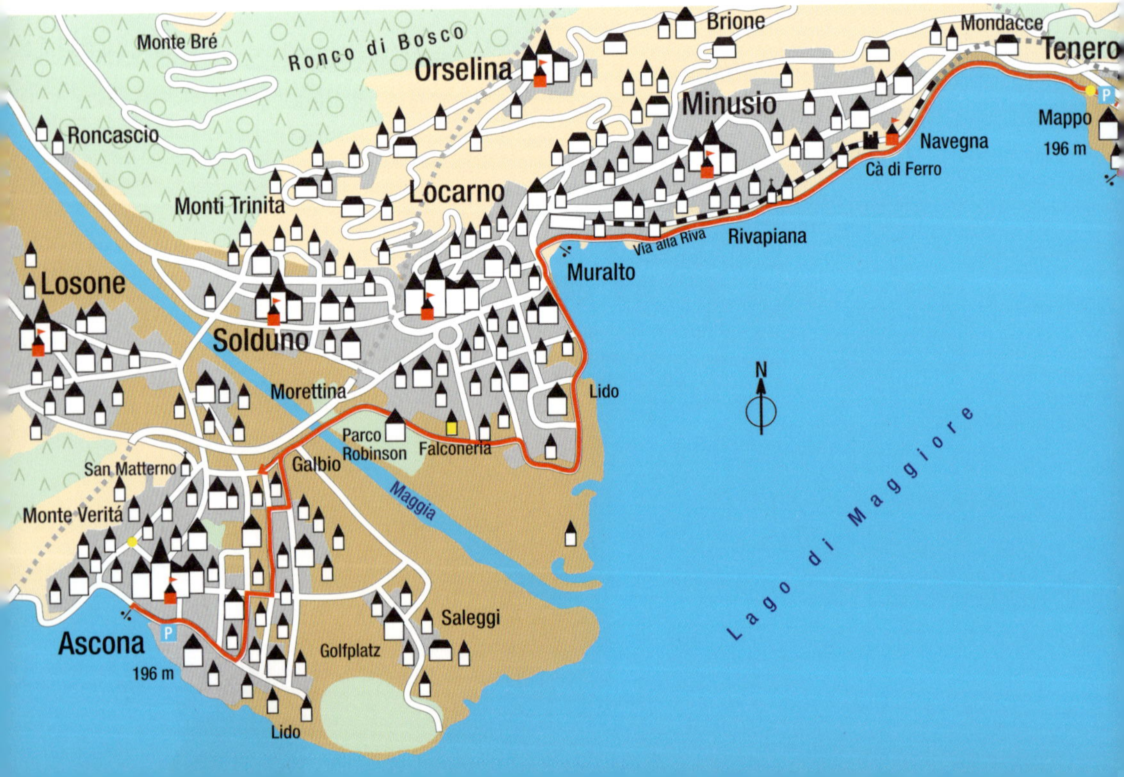

ostkartenidylle mit almen und Strassen-afés in Ascona

In der Via Borgo von Ascona müssen wir das Velo schieben.

Die Albergo Navegna, ein typisches Tessiner Grotto, lädt zu einer Pause ein.

Schwäne, statt Kühe, grasen auf den Wiesen vor Locarno.

Informationen

Veloregion:
Lago Maggiore / Tessin

Fahrzeit:
Familien im gemütlichen Tempo benötigen für die Hin- und Rückfahrt nach Ascona rund 2 h.

Veloroute:
Nr. 3 «Nord-Süd-Route», Zweigstrecke nach Ascona

Velokarten:
Velokarte 16 «Tessin», Verlag Hallwag Kümmerly + Frey, Massstab 1:60000

Schwierigkeitsgrad:
Leicht – zwischen Tenero und Locarno autofreier Uferweg, weiter nach Ascona Velofahrstreifen, Velowege und Quartierstrassen

Höhenmeter:
Ebene Veloroute ohne Auf und Ab

Velosaison:
Der Veloweg zwischen Tenero und Ascona kann das ganze Jahr befahren werden, wenn kein Schnee oder Eis auf den Strassen liegt.

Anreise ÖV:
Mit dem Intercity oder InterRegio bis Bellinzona, von dort aus weiter mit der S2 (Richtung Locarno) nach Tenero. Vom Bahnhof folgen wir der Via Tre Case nach Westen, zweigen links in die Via del Sole ein und schwenken nach der Autobahnunterführung rechts in die Via Mappo ein, die uns direkt zum Ausgangspunkt beim Sportzentrum bringt.

Anreise Auto:
Auf der A2 bis Bellinzona-Sud, weiter über die Kantonsstrasse Richtung Locarno. Beim grossen Kreisel am Flugplatz in die Schnellstrasse, danach Ausfahrt Tenero beachten. Übers Dorf geht's weiter zum grossen Parkplatz beim Sportzentrum am See.

Zurück zum Ausgangspunkt:
Mit dem Velo auf dem gleichen Weg zurück nach Tenero

Velomiete:
SBB-Mietvelos am Bahnhof Locarno

Attraktionen für Familien:
Kinderspielplätze bei Mappo am See sowie Parco Robinson Nähe Maggia. Greifvogelshow direkt am Veloweg in Locarno (www.falconeria.ch) sowie zahlreiche Badeplätze und Strandbäder entlang des Veloweges.

Weitere Auskünfte:
Ente turistico Lago Maggiore
Via B. Luini 3, 6600 Locarno
Tel. 091 791 00 91
www.maggiore.ch

Disentis (GR)

Surselvatour: Vom Klosterdorf zum Polenweg

Die Surselva ist ein offenes und weites Bergtal, unsere Veloroute führt fast ausschliesslich über breite Schotterwege.

Wenn wir schon mal in Disentis sind, sollte wir einen Abstecher zum Kloster unternehmen.

Das Wort Surselva stammt aus dem rätoromanischen Sprachschatz und bedeutet «Ob dem Wald». Wälder gibt es im weiten und offenen Bergtal genug. Auch auf unserer Velotour von Disentis nach Ilanz durchqueren wir immer wieder welche. Doch auch für Abwechslung ist gesorgt: Kleine Weiler, stille Dörfer, reissende Bergbäche, ein barockes Kloster und zwei idyllisch gelegene Freibäder liegen mehr oder weniger direkt an unserer Route.

Vom Bahnhof zum Kloster Disentis ist es mit dem Velo nicht weit. Unternehmen wir doch diesen kurzen Abstecher zu einem der eindrucksvollsten Bauwerke Graubündens, welches wie eh und je dominant über dem Dorf thront. Wir können die Kirche und das Klostermuseum (Öffnungszeiten: www.klosterdisentis.ch) besuchen. Im Gymnasium, der ältesten Schule Graubündens, werden rund 200 Schüler unterrichtet.

Vier Rheinbrücken bis Trun

Am Bahnhof von Disentis beginnen wir unsere Surselvatour. Gleich zu Beginn erwartet uns eine rasante Abfahrt hinunter zum noch jungen Rhein. Dieser wird mittels einer kurzen Brücke überquert. Auf der anderen Seite nehmen wir den Schwung aus der Abfahrt mit und mühen uns auf den einzigen grösseren Aufstieg nach Cavardiras ab. Danach geht's gleich wieder bergab ins Tal nach Pardomat.

Noch vor den ersten Häusern verlassen wir die asphaltierte Strasse und biegen rechts auf den Feldweg ein. Auf dieser Rüttelpiste durchfahren wir den Weiler Pardomat Dado und verschwinden anschliessend im Wald. Kurze Zeit später erblicken wir auf der linken Talseite schon Cumpadials, das nächste Dorf. Wir gelangen wieder auf eine Naturstrasse und geniessen die kleine Abfahrt zur Rheinbrücke. Die Hungrigen unter uns machen hier Pause und benützen beim Spielplatz die Feuerstelle. Frisch gestärkt, nehmen wir die kleine Steigung nach dem schmucken Dorf Cumpadials in Angriff. Auf der asphaltierten Nebenstrasse überqueren wir nach einer kleinen Abfahrt wieder den Rhein und radeln weiter bis Surrein – ein verschlafenes Nest

Auf einem alten Eisenviadukt überqueren wir den Rein da Sumvitg.

Kaum einer Menschenseele begegnen wir im stillen Dörfchen Surrein.

am Ausgang des Val Sumvitg. Bei der Kirche zweigen wir rechts ab, überqueren auf einem alten Viadukt den Sumvitg-Rhein und pedalen auf dem Feldweg weiter nach Trun. Nachdem wir das vierte Mal den Rhein überquert haben, kommen wir beim Bahnhof zur Hauptstrasse. Auf dieser fahren wir nur wenige Radumdrehungen, die roten Velowegweiser dirigieren uns in eine Quartierstrasse und später wieder auf einen Schotterweg. Unser Begleiter ist nun das Bahntrassee der RhB. Vielleicht kreuzt oder überholt uns sogar einer der fotogenen roten Züge, vielleicht sogar der berühmte «Glacier-Express».

Unser Weg, von Polen gebaut

In Tavanasa wird die Talseite gewechselt. Vom Bahnhof pedalen wir zunächst durch das langgezogene Dorf, unterqueren die Überführung der Rhätischen Bahn (RhB) und zweigen sofort nach der Brücke rechts ab. Der Weg führt zunächst durch einen Steinbruch und später zwischen dem Vorderrhein und dem Gleis entlang. Wir befinden uns auf dem Polenweg. Dieser heisst so, weil internierte Polen während des Zweiten Weltkriegs dieses Strässchen mit blossen Händen gepickelt und geschaufelt haben. Rund 12 000 polnische Soldaten wurden an der französisch-schwei-

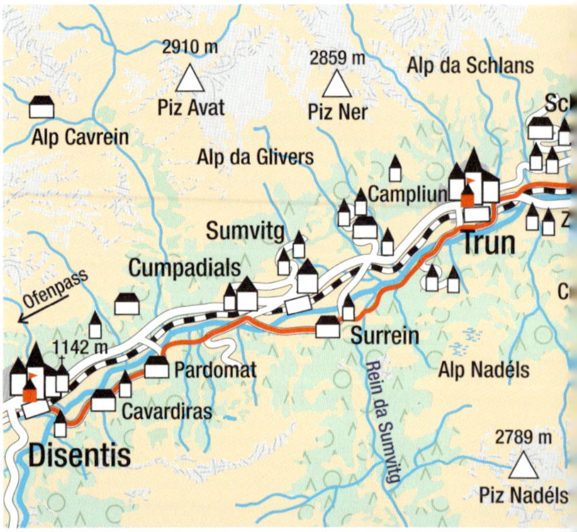

Informationen

Veloregion:
Surselva / Graubünden

Fahrzeit:
Wer nicht gerade eine Sportskanone ist und die Strecke im rasanten Tempo abspuhlt, benötigt für die gemütliche Fahrt mit Kindern gut 3 h 30 min.

Veloroute:
Nr. 2 «Rhein-Route»

Velokarten:
Eine Velokarte, auf welcher die ganze Route eingezeichnet ist, gibt es leider nicht. Dank der guten Beschilderung mit den roten Velowegtafeln benötigen wir jedoch keine Karte.

Schwierigkeitsgrad:
Leichte Tour mit sportlichen Kindern ab 10 Jahren. Weil der Weg über weite Strecken geschottert ist, empfiehlt sich ein Mountainbike oder ein Countrybike mit griffigen Stollenreifen.

Höhenmeter:
Gleich zu Beginn der Tour erwartet uns zwischen dem Vorderrhein und dem Weiler Cavardiras eine Steigung von 82 Höhenmetern. Im weiteren Verlauf der Tour geht's immer mal wieder leicht bergauf und bergab.

Velosaison:
Von Mitte Mai bis Mitte Oktober

Anreise ÖV:
Mit den SBB nach Chur, weiter mit der Rhätischen Bahn nach Disentis

Anreise Auto:
Auf der A13 bis Ausfahrt Reichenau. Anschliessend fahren wir über Laax und Ilanz bis Disentis. Beschränkte Parkmöglichkeiten im Dorf, zum Beispiel direkt beim Bahnhof.

Zurück zum Ausgangspunkt:
Von Ilanz nehmen wir den Regionalzug der Rhätischen Bahn (RhB) nach Disentis.

Velomiete:
Am Bahnhof Disentis können Countrybikes und Elektro-Flyer gemietet werden (Tel. 081 288 43 44). Mountainbikes gibt's bei Levy motocicletta, Tel. 081 936 43 80.

Attraktionen für Familien:
Bademöglichkeiten sind zu Beginn der Tour im Natursee Fontanivas und am Zielort im Freibad Ilanz vorhanden. Das Baden im Rhein sollte man aus Sicherheitsgründen unterlassen.

Weitere Auskünfte:
Sedrun Disentis Tourismus
Via Alpsu 62, 7188 Sedrun
Tel. 081 920 40 30
www.disentis-sedrun.ch

zerischen Grenze im Jura entwaffnet und in der Schweiz interniert. Sie bauten an verschiedenen Orten insgesamt 450 Kilometer Wege, Brücken und Kanäle. Eine Kapelle bei Rueun erinnert an die Arbeitsleistungen, zu welchen sich die Soldaten gerne einspannen

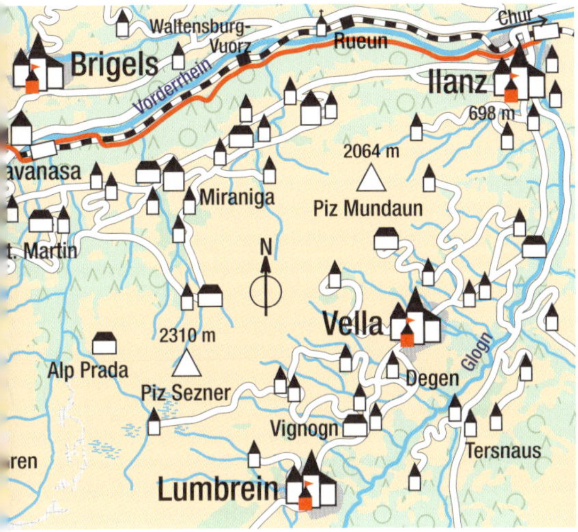

liessen. Im Kanton Graubünden gibt es weitere Polenwege, zum Beispiel im Safiental oder zwischen Domat/Ems und Rothenbrunnen.

Erste Stadt am Rhein

Theoretisch könnten wir unsere Radtour bereits an der RhB-Station von Waltensburg-Vuorz abbrechen; weil es jedoch nur noch geradeaus weitergeht, lohnt es sich, die Tour bis zu unserem Ziel in Ilanz – die erste Stadt am Rhein – fortzusetzen. Nicht ganz ohne Stolz nennt sich Ilanz so, denn das Städtchen weist zwei Stadttore, Stadtmauer und Stadtrat auf. Die alte, 1850 erbaute Holzbrücke, früheres Wahrzeichen der Stadt, fiel 1962 leider einer schlichten Betonbrücke zum Opfer. Am Bahnhof beenden wir unsere Tour.

Ab und zu etwas rauhe Wege, die Kinder auch zu übermütigen Aktionen verleiten.

Unser FAMILY-Tipp:

Natursee Fontanivas
Nach der ersten kurzen Abfahrt vom Bahnhof zur Brücke über den Vorderrhein könnten wir statt flussabwärts auch einen Abstecher in die entgegengesetze Richtung unternehmen. Auf einem Kies- und Wanderweg fahren wir in einer Viertelstunde zum Natursee Fontanivas. Hier gibt's viel Platz zum Liegen und Baden.

Waldbad Fontanivas
Fontanivas nennt sich das idyllische, in einem Wald gelegene Schwimmbad an unserem Zielort bei Ilanz. Unter dem Schatten der Bäume finden auch all jene ein Plätzchen, die sich nicht an die pralle Sonne legen wollen. Für Eltern wie Kinder ist der Besuch im einzigen Freibad der Surselva der krönende Abschluss der Velotour. Das Schwimmbad ist von Mitte Mai bis Anfang September täglich geöffnet (Tel. 081 925 25 14).

Gemütliche Radwege im zweiten Teil unserer Tour

Im grossen Föhrenwald von Tuleu lohnt es sich anzuhalten und die knorrigen Bäume zu betrachten.

Die Ruinaulta, Europas grösster Bergsturz

Ruinaulta (GR)

Hoch über dem Schweizer Grand Canyon

Eine wilde Schlucht mit weissen Kalkfelsen und weiten Wäldern; durch dieses Paradies windet sich auf einer Länge von 14 Kilometern der Vorderrhein. Die Ruinaulta gilt als eine der grossartigsten Schluchten der Schweiz, die deshalb Eingang ins Bundesinventar der Landschaften und Naturdenkmäler von nationaler Bedeutung fand. Wegen den steilen und an manchen Stellen kahlen Wänden, wird die Ruinaulta auch als «Grand Canyon der Schweiz» bezeichnet.

Es begann vor ungefähr 14 000 Jahren, als 15 Milliarden Kubikmeter Gestein vom Cassonsgrat hoch über Flims ins Tal donnerten. Die Abbruchstelle ist noch immer gut sichtbar. Die Trümmermasse bildete im Tal eine natürliche Barriere und staute den Vorderrhein zu einem See von vielen Kilometern Länge. Mit der Zeit sägte sich der Vorderrhein immer tiefer in die Bergsturzmassen aus Kalkstein ein und schuf in jahrtausendelanger Arbeit das einzigartige Naturdenkmal.

Bergauf zum Hochplateau

Wir beginnen unsere Velotour auf dem Grund des ehemaligen Sees in Ilanz. Von diesem ist heute natürlich nichts mehr zu sehen. Die erste Stadt am Rhein, wie die Einheimischen ihren Wohnort stolz bezeichnen, dient als Zentrum im Bündner Oberland. Hier findet man das meiste, was zum Leben benötigt wird, so dass die Bewohner nur in Ausnahmefällen nach Chur fahren müssen.

Unmittelbar nach dem Zusammenfluss von Vorder- und Hinterrhein überqueren wir den Fluss auf einer Eisenbrücke.

Auch Cabrio-Genussfahrer benutzen gern die kurvenreiche Strasse hoch über der Ruinaulta.

Im Gegensatz zur Strasse wurde das Trassee der Rhätischen Bahn unmittelbar in der Ruinaulta-Schlucht angelegt.

300 Meter über der Schlucht gibt es mehrere spektakuläre Aussichtspunkte.

Vom Bahnhof folgen wir der gut markierten Veloroute nach Westen und verlassen das Städtchen über die Glennerstrasse. Nachdem wir den wilden Glognbach überquert haben, radeln wir auch schon durch Auenwälder und ländliches Gebiet unserem ersten Etappenziel Castrisch, einem beliebten Wohngebiet und «Vorort» von Ilanz, entgegen. Noch verläuft unser Strässchen ziemlich eben, bis wir bei Lumein spürbar stärker in die Pedale treten müssen. Hier verabschieden wir uns vom Trassee der Rhätischen Bahn, das sich am Vorderrhein entlang durch die Ruinaulta schlängelt, während unsere Route bergauf zum Hochplateau mit dem Dorf Valendas führt. Fast etwas vergessen von der übrigen Welt leben die Bewohner in einem Ort mit stolzen Bürgerhäusern, die teilweise unter Heimatschutz stehen. Mitten auf dem Dorfplatz kann der grösste Holzbrunnen Europas, der von einer geheimnisvollen Meerjungfrau gekrönt wird, bestaunt werden.

Durchs Herzstück der Ruinaulta

Zwischen Valendas und dem Weiler Carrera quert die Strasse nur leicht ansteigend den Carreratobel. Anschliessend strampeln wir durch sonnige Weideflächen und schattigen Bergwald nochmals rund 80 Höhenmeter bergauf, bis wir bei Carnifels (933 m ü. M.) den vorerst höchsten Punkt erreicht haben. Von der Ruinaulta sehen wir hier noch nichts. Dafür lassen wir es gemütlich rollen und erholen uns mit dem Fahrtwind, bis wir die ersten Häuser von Versam erreichen. Wer mag, kann von hier aus einen Abstecher in die Schlucht unternehmen. Dabei sollte jedoch bedacht werden, dass die 273 Höhenmeter bergab auch wieder bergauf auf demProgramm stehen (zusätzlich rund 1 h).
Wer auf der Route bleibt, muss sich weniger anstrengen. Zunächst geht's im flotten Tempo fünf Serpentinen hinunter bis ins Versamer Tobel, wo wir die Rabiusa auf einer hohen und schmalen Brücke überqueren. Es folgt der Höhepunkt unserer Tour durch das Herzstück der Ruinaulta. Auf den nächsten drei Kilometern bis Zault strampeln wir zwar wieder bergauf, dafür entschädigt die Fahrt entlang einer atemberaubenden Felswand, durch Tunnels und Galerien mit Blick auf die schwindelerregend tiefe Vorderrheinschlucht. Haben wir den höchsten Punkt erreicht, ist der ganze Spuk vorbei. Wir fahren nun in rassigem Tempo die schnurgerade

Strasse durch den Föhrenwald Tuleu hinuner nach Bonaduz. Im Dorfzentrum achten wir auf die Abzweigung links, das rote Veloschild ist leicht zu übersehen. Es bleibt eine angenehme Fahrt über die Felder von San Mang und Campagna, bevor wir zur letzten Abfahrt nach Reichenau ansetzen. Kurz vor der ersten Rheinbrücke beachten wir den Zusammenfluss des Vorder- und Hinterrheins. Reichenau mit dem Schloss ist rasch durchquert und wir fahren über die zweite Rheinbrücke zum RhB-Bahnhof am anderen Ufer.

Informationen

Veloregion:
Ruinaulta / Graubünden

Fahrzeit:
Weil es häufig Auf und Ab geht, benötigen gemütliche Familientourenfahrer für die Strecke Ilanz – Reichenau rund 2 h.

Veloroute:
Nr. 2 «Rhein-Route»

Velokarten:
Velokarte 13 «Sarganserland», Verlag Hallwag Kümmerly+Frey, Massstab 1:60 000

Schwierigkeitsgrad:
Mittelschwer – auf der kurvenreichen Nebenstrasse verkehren auch wenige Autos, auf der langen Geraden vor Bonaduz sogar Lastwagen (meistens nur Montag–Freitag). Achtung: Strecke nicht von Bonaduz nach Ilanz befahren! Die Langsamfahrt beim Aufstieg auf der langen Geraden wäre für Familien zu gefährlich. Ausserdem liegt eine giftige Steigung in dieser Richtung.

Höhenmeter:
Längere, gut machbare Steigung zwischen Ilanz und Versam (210 m), kurze Abfahrt in die Rabiusaschlucht (177 m), Aufstieg entlang der Felsen nach Zault (69 m) und Abfahrt nach Reichenau (201 m).

Velosaison:
Von Mai bis Oktober

Anreise ÖV:
Mit den SBB nach Chur, weiter mit der Rhätischen Bahn nach Ilanz

Anreise Auto:
Auf der A13 bis Ausfahrt Reichenau. Anschliessend fahren wir über Flims und Laax bis Ilanz. Parkplätze hinter dem Bahnhof oder beim Migros-Markt.

Zurück zum Ausgangspunkt:
Von Reichenau nehmen wir den Regionalzug der Rhätischen Bahn (RhB) nach Ilanz.

Velomiete:
Am Bahnhof Ilanz können Countrybikes gemietet werden.

Attraktionen für Familien:
Romantische Feuerstellen im Föhrenwald Tuleu. Verbotsschilder bei Waldbrandgefahr beachten!

Weitere Auskünfte:
Verkehrsverein Versam
c/o Restaurant Rössli
7104 Versam
Tel. 081 645 11 13
www.safiental.ch

Nachdem wir die lange, schnurgerade Strasse (unten) durch den Föhrenwald hinuntergebraust sind, erreichen wir zwischen Bonaduz und Reichenau (oben) offenes Gelände mit fruchtbaren Feldern.

Unser FAMILY-Tipp

Mit dem Kanu auf Winnetous Spuren
Wer hatte nicht schon mal Sehnsucht nach dem Wilden Westen, nach Indianerromantik und Kanuabenteuer? Doch Kanadier- oder Kajakfahren will gelernt sein, ist allen klar, die es einmal versucht haben. Im «Grand Canyon» der Schweiz

gibt es eine Schule, die sich auch für Familien eignet. Mit einem Grundkurs ist man nach wenigen Tagen fit für den ersten Ritt auf den wilden Wellen. Wilde Waldschluchten, kurze Schwallstrecken, viele Inseln, Felsblöcke und spritziges Wasser erwarten die Kanuten.
Inmitten der eindrucksvollen Vorderrhein-Schlucht liegt Versam-Station (mit der Bahn direkt zu erreichen), Ausgangspunkt für eine ganze Palette von Wildwasser-Aktivitäten. Auf einem See beginnen wir, die Grundtechnik zu lernen; Geradeaus fahren, drehen, kanten und kentern wollen geübt sein. Erst wenn das sitzt, geht's ab in die Strömung. Einmal auf dem Fluss, werden die Teilnehmer des Kurses in die Paddeltechnik, Bootsführung und die Strömungslehre eingeführt. Seit über 15 Jahren organisiert die Kanuschule Versam auch Jugendcamps. Kids und Kajaks passen zusammen wie Fritten und Ketchup!

Weitere Infos:
www.kanuschule.ch, Tel. 081 645 13 24

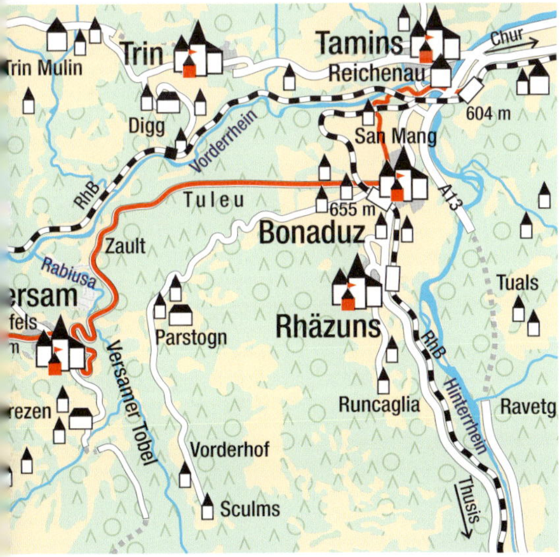

Der Caumasee liegt in einen Wald mit prähistorischen Bergsturztrümmern.

Flims (GR)

Unterwegs in einem der letzten Urwälde

Der Ferienort Flims breitet sich auf den Trümmern des grössten erdgeschichtlichen Bergsturzes in Europa aus. Vor ungefähr 14 000 Jahren donnerten hier 15 Milliarden Kubikmeter Gestein ins Tal und bildeten damit das heutige Hochplateau mit den drei Dörfern Flims, Laax und Falera.

Die ehemals kleinen und armen Bergdörfer boomten durch die mutigen touristischen Bewegungen Anfang der Sechzigerjahre. Damals investierten einige Unternehmer in den Bau der Bergbahnen Crap Sogn Gion und setzten da-

Der Crestasee (Bilder Mitte und unten) ist ein idyllisches Badegewässer am Ostrand des Uaul Grond.

durch neue volkswirtschaftliche Akzente. Wer die «Weisse Arena» vom Skifahren und Snowboarden kennt, möchte die Region vielleicht auch auf zwei Rädern erkunden. Es stehen rund 80 Kilometer markierte Mountainbike-Routen und Radwanderwege verschiedenster Schwierigkeitsgrade zur Wahl.

Vom Sportzentrum, unserem Ausgangspunkt ist es nicht weit bis zum kleinen Lag Prau Tuleritg.

Stille Fahrt durch den Wald

Falls wir keinen Autoabstellplatz ausserhalb des Parkhauses beim Sportzentrum finden, nehmen wir vor der Einfahrt unsere Zweiräder vom Dach. Auch die Postautohaltestelle befindet sich nicht weit. Zum Aufbruch bereit, eröffnen wir die Tour mit einer kleinen Abfahrt zum Lag Prau Tuleritg. Wir nehmen dort den Gegenanstieg und erhalten damit gleich einen Vorgeschmack auf das ständige Auf und Ab, das uns heute erwartet. Nach einer stillen Fahrt durch den Wald steuern wir den 997 Meter hoch gelegenen Caumasee an. Unser Forstweg verläuft zwar im Wald oberhalb des Sees. Der Lärm der Badegäste ist jedoch unüberhörbar. Wer mag, kann bereits hier die Tour unterbrechen und einige Züge im klaren Wasser schwimmen – zum Beispiel zur romantischen Insel im See. Leider ist das Ufer an vielen Stellen mit einem Maschendrahtzaun eingefasst worden, was Hobbyfotografen und Naturliebhaber nicht gerade schätzen. Fahren wir also weiter zum Crestasee, den man nicht auf diese Weise verschandelt hat.
Bald wird es wieder ruhiger, denn wir befinden uns in einem der letzten Urwälder der Schweiz. Das Gebiet gilt nebst dem Nationalparkwald als grösster zusammenhängender Forst des Landes. Ob man sich hier, wenn man vom Weg abkommt, wohl auch im tiefen, dunklen Wald wie Hänsel und Gretel verlaufen kann? Glücklicherweise ist unsere Forststrasse breit und gut markiert. Wir fahren über Runc dil Duff und La Cultura zum Ausflugsrestaurant Conn.

Über dem Grand Canyon der Schweiz

Hoch über der tief eingeschnittenen Ruinaulta, dem Grand Canyon der Schweiz, liegen

Rundfahrt im Uaul Grond

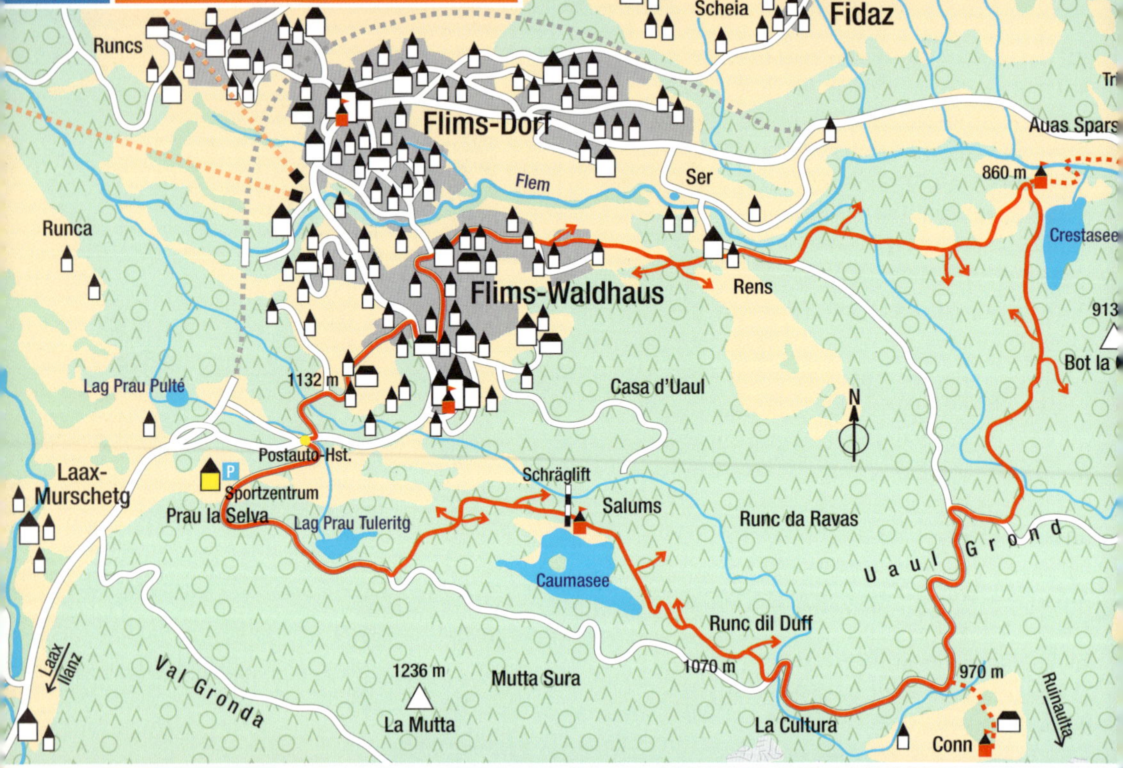

Informationen

Veloregion:
Surselva / Graubünden

Fahrzeit:
Die Rundfahrt durch den Uaul Grond dauert ohne Pausen rund 1 h 30 min bis 2 h.

Veloroute:
Lokale Velowege, die meist sehr gut beschildert sind.

Velokarten:
Bike-Explorer «Flims-Laax», Massstab 1:40 000. Im Buchhandel oder bei www.bike-explorer.ch erhältlich.

Schwierigkeitsgrad:
Mittelschwere Mountainbiketour über Kies- und Waldwege. Stellenweise sind die Pfade auch schmal und verlangen etwas Fahrgeschick. Nur mit dem Mountainbike machbar. Auf Autos treffen wir erst kurz vor dem Ziel in Flims-Waldhaus.

Höhenmeter:
Unterwegs geht's immer mal wieder kurz bergauf und bergab. Zwischen dem Crestasee und Flims-Waldhaus liegen 266 Höhenmeter.

Velosaison:
Die Tour durch den Uaul Grond kann von ca. Mitte Mai bis Ende Oktober unternommen werden.

Anreise ÖV:
Vom Busbahnhof Chur verkehren Postautos nach Flims und Laax. Wir steigen bei dere Haltestelle Sportzentrum aus. Velos werden auf Voranmeldung transportiert (Tel. 058 386 31 66), sofern es Platz in den Stauräumen oder auf den Veloträgern des Busses gibt.

Anreise Auto:
Auf der A3 Zürich – Chur bis Ausfahrt Reichenau. Von dort aus führt die Strasse direkt nach Flims (nicht Umfahrungstunnel benützen). Parkplätze beim Sportzentrum Prau la Selva.

Zurück zum Ausgangspunkt:
Rundfahrt

Velomiete:
Sport Beat in Flims-Dorf
Tel. 081 911 33 21

Attraktionen für Familien:
Im Cauma- und Crestasee können wir ins kühle Wasser springen. Bei beiden Seen wird jedoch ein kleiner Eintrittspreis verlangt.

Weitere Auskünfte:
Flims Laax Falera Tourismus AG
Via Nova 62, 7017 Flims Dorf
Tel. 081 920 92 00
www.flims.com

auf einer sonnendurchfluteten Lichtung die Hütten von Conn, die nur zu Fuss, hoch zu Ross oder mit dem Mountainbike zu erreichen sind. Inzwischen ist eine Rast fällig und wir geniessen während des Mittagessens den eindrucksvollen Ausblick auf die Ruinaulta. Danach strampeln wir mit frischen Kräften weiter durch den Uaul Grond zum Crestasee. Das rätoromanische Wort Uaul bedeutet übrigens Wald. Und von diesem gibt es hier mehr als genug. Überall entdecken wir riesige Felsblöcke. Unterhalb des Bot la Cresta weichen wir vom Radweg ab und pedalen auf dem Wanderweg hinauf zum Crestasee. Wer den Aufstieg zurück nach Flims scheut, kann hinunter nach Trin-Mulin zur nächsten Postautohaltestelle fahren. Alle andern nehmen den Aufstieg entlang des markierten Weges und fahren das letzte Stück auf der Strasse zurück zum Sportzentrum. Seit der Eröffnung des Umfahrungstunnels hat diese weitgehend ihren Schrecken verloren.

Am Wegrand finden wir kleine Leckereien: zum Beispiel reife Himbeeren und Brombeeren.

Natur-Tipp

Geheimnisvoller Caumasee
Ob die Brüder Grimm (1785–1863) einst den Uauol Grond und Caumasee besucht hatten, bevor sie ihr Märchen «Hänsel und Gretel» niederschrieben? Jedenfalls regt der dunkle und riesige Wald viele Fantasien in kleinen und grossen

Besuchern an und die Frage nach der bösen Hexe und ihrem verwunschenen Haus taucht plötzlich wieder auf.
Der Caumasee birgt tatsächlich viele Geheimnisse. Warum schimmert das Wasser so grünlich blau? Wo ist denn der Zu- und Abfluss? Warum sinkt seit einigen Jahren kontinuierlich der Wasserspiegel? Die Wissenschaftler haben auf viele Fragen noch keine Antworten gefunden. Möglicherweise verliert der Caumasee Wasser, weil der Umfahrungstunnel in Flims gebaut wurde, munkeln die Einheimischen im Dorf. Vielleicht hat man ihm den unterirdischen Zufluss abgegraben? Noch gibt es genügend Wasser, um dem Badespass im herrlichen Waldsee zu frönen. Eine eigenartige Liftkabine, die auf Knopfdruck funktioniert, seilt sich auf Schienen vom Weg zum Ufer ab. Die Benützung ist kostenlos.

Bergün (GR)

Velotour im UNESCO-Welterbe «Albulabahn

Was wäre das Albulatal ohne seine Bahn? Vermutlich würde die Zeit in Filisur und Bergün stehen geblieben sein und eine touristische Entwicklung hätte nie eingesetzt. Die Bewohner wären nach Chur oder ins Unterland abgewandert und die Dörfer dem Dornröschenschlaf verfallen.

Zum Glück ist es anders gekommen. Bergün und Filisur sind nachhaltig gewachsene Feriendörfer, deren Häuser hübsch herausgeputzt wurden. Kleine Hotels, Blumenschmuck vor den Fenstern, ein Angebot ideal für Familien. Die Region hat ihre Entwicklung der Rhätischen Bahn zu verdanken. So manch ein Feriengast

Oben: Die Albulastrecke fand 2008 Eingang ins UNESCO-Welterbe. Unten: Bemerkenswert der Engadiner Einfluss a die Bergüner Architektu

Die prächtigen, mit Sgrafitti verzierten Torbögen führen in den Sulèr, eine meist grosszügig angelegte Eingangshalle.

auf dem Weg nach St. Moritz hat die hübsche Region auf diese Weise entdeckt.

Seelenbalsam für Naturliebhaber

Die Bahn ist aber auch als einzigartiges Bauwerk auf der ganzen Welt berühmt geworden und wurde zum Mekka für Eisenbahnfreunde. Besonders die Kehrtunnels zwischen Bergün und Preda vermögen immer wieder aufs Neue die Reisenden und Besucher zu begeistern. Nie weiss man so richtig, in welchem Tunnelportal der Zug erscheint, nachdem er soeben in einer dunklen Röhre verschwunden ist. Velofahrer fühlen sich in einer Region, wo das Auto bis heute nicht dominiert, besonders wohl. Der Verkehr ins Engadin wälzt sich über den Julierpass, während am Albula wohltuende Ruhe herrscht: ein paar Ausflügler, einige Töffs und natürlich viele unmotorisierte Zweiräder wie Trottis und Velos.
Unsere Tour beginnt in Preda (1789 m ü. M.) am Nordportal des 5865 Meter langen Albula-Scheiteltunnels, dem Tor zum Engadin.
Wer Steigungen nicht scheut, unternimmt zuallererst einen Abstecher zum Lej da Palpuogna auf 1916 m ü. M. – das Arvenseeli ist reinstes Seelenbalsam für Naturliebhaber.
Danach beginnt unsere Abfahrt durchs Albulatal, zunächst auf dem gleichen Weg zurück nach Preda, anschliessend ein kleines Stück geradeaus bis zum Weiler Naz. Hier beginnt der spannende Teil mit den vielen Kehrtun-

Sportliche Naturen können die Tour auch von Tiefencastel nach Preda abspuhlen. Für den Bergparcours benötigen wir je nach Kondition 1–3 h.

Blick von Igl Crap in die dunkle Albula-schlucht.

EXTRA-Tour

Lohnender Abstecher zum Lej da Palpuogna
Weil unsere heutige Radtour von Preda nach Tiefencastel nur bergab führt, gibt es keine sportliche Herausforderung für unsere Kondition. Wer dies misst, steigt zunächst auf der Albula-Passstrasse 129 Höhenmeter zum bezaubernden Lej

da Palpuogna auf. Der Verkehr hält sich auch hier in Grenzen, weil viele Autofahrer die schmale und unübersichtliche Passstrasse scheuen. Zum Glück schraubt sich die Strasse in zwei weit ausladenden Serpentinen nach oben, so können wir die Steigung mit einem guten Velo relativ problemlos nehmen. Gerade deshalb empfiehlt sich der Abstecher auch für sportliche Familien. Am Ufer des Arvenseelis, wie der Lej da Palpuogna auch genannt wird, lassen wir den Drahtesel stehen und suchen uns ein idyllisches Plätzchen für ein Picknick. Wir finden mehrere Feuerstellen am Ufer, das Holz müssen wir natürlich selber im Wald sammeln. Naturfreunde zählen den Lej da Palpuogna zu den schönsten Bergseen der Alpen.

Zwischen Muot und Punt Ota gewinnt die Bahn in einem ersten Kehrtunnel an Höhe.

nels der Bahn, das eigentliche Herzstück des UNESCO-Welterbes. Es lohnt sich, hier anzuhalten und die Durchfahrt des nächsten Zuges abzuwarten. Alsdann liegt das Dorf Bergün auf unserem Weg. Der Ortskern mit seinen trutzigen Engadinerhäusern ist ebenso sehenswert. Ausgangs Dorf werfen wir bei Igl Crap einen Blick in die dunkle Schlucht, bevor wir über eine in den Fels gehauene Strasse weiter bergab brausen. Bei Bellaluna dürfen wir die Abzweigung auf den Flurweg nicht verpassen, von jetzt an geht's auf holprigen Wegen weiter. Filisur lassen wir am rechten Talhang liegen und kurbeln alles der Albula entlang über Alvaneu-Bad nach Surava, wo wir ausgangs Dorf in die Kantonsstrasse einschwenken. Zum Glück geht's im flotten Tempo weiter bergab, so dass wir bis Tiefencastel kaum Probleme mit dem Verkehr bekommen.

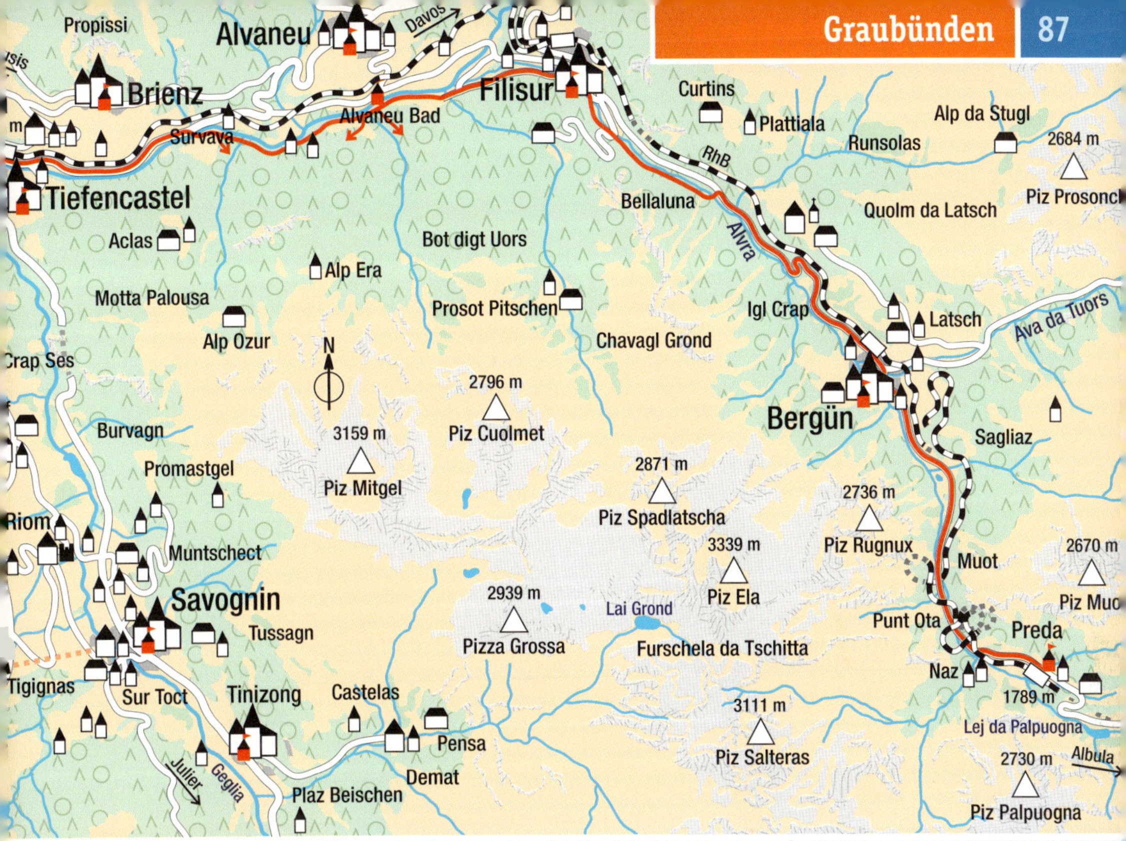

Informationen

Veloregion:
Albulatal / Graubünden

Fahrzeit:
Wer es zwischen Preda und Tiefencastel nicht eilig hat, benötigt rund 1 h 30 min. Ein Abstecher zum Lej da Palpuogna schlägt mit ca. 1 h zu Buche.

Veloroute:
Nr. 6 «Graubünden-Route»

Velokarten:
Bike-Explorer «Mittelbünden», Massstab 1:80 000. Im Buchhandel oder bei www.bike-explorer.ch erhältlich.

Schwierigkeitsgrad:
Leicht – die Route führt entlang der Albula immer bergab und eignet sich speziell auch für heisse Hochsommertage. Zwischen Preda und Filisur asphaltiert und geringer Motorfahrzeugverkehr, autofreier Flurweg von Bellaluna nach Surava und zum Schluss ein kurzes Stück auf der nur mässig befahrenen Kantonsstrasse Davos–Tiefencastel.

Höhenmeter:
Die Tour führt nur bergab

Velosaison:
Ab Mitte Mai bis Ende Oktober

Anreise ÖV:
Von Zürich nach Chur mit den SBB, weiter mit der Rhätischen Bahn (RhB) in Richtung St. Moritz bis Preda

Anreise Auto:
Autobahn A13 bis Ausfahrt Thusis-Süd, weiter Richtung St. Moritz. Bei Tiefencastel nach Filisur/Bergün abzweigen. Direkt beim Bahnhof in Preda gibt's genügend gebührenpflichtige Parkplätze.

Zurück zum Ausgangspunkt:
Mit der RhB von Tiefencastel nach Preda

Velomiete:
Im Dorf Bergün können bei Mark Sport (Tel. 081 407 11 65) Mountainbikes gemietet werden.

Attraktionen für Familien:
Freibad Bergün, Modelleisenbahn im Dorf-Museum (Öffnungszeiten unter www.berguen.ch beachten), Schwefel-Freibad Alvaneu

Weitere Auskünfte:
Bergün/Filisur Tourismus
Hauptstrasse 83
7482 Bergün/Bravuogn
Tel. 081 407 11 52
www.berguen.ch

Gleich zu Beginn unserer Tour fahren wir – völlige gefahrlos – ein kleines Stück parallel zur Autobahn.

Der Kirchturm von Bonaduz ist nah, wenn wir unterhalb Buigls um eine Felsnase biegen.

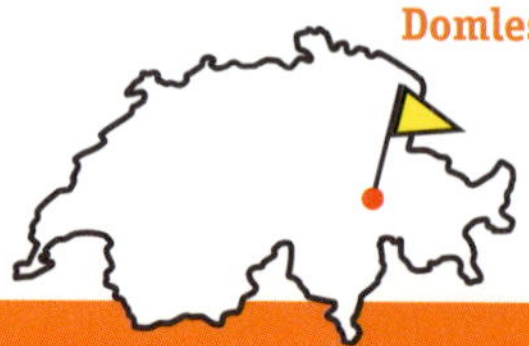

Burgen und Rheinauen im Domleschg

Immobilien-Spekulation gab es bereits im 16. Jahrhundert, als Ludwig Tschudi von Glarus die Burg Ortenstein 1527 an die Gemeinde Tomils verkaufte. Diese veräusserte das Schloss bereits ein Jahr später mit beachtlichem Gewinn an die Familie Travers. Spekulation ist zwar nicht das Thema unserer Velotour, dafür Burgen und Ruinen aller Art.

Unsere Velotour durchs burgenreiche Domleschg beginnt direkt hinter dem Bahnhof von Thusis. Beim Wendel, der zur Unterführung führt, dürfen wir uns allerdings nicht in die Irre führen lassen. Ein rotes Veloschild weist Richtung Chur – und zwar über die vielbefahrene Katonsstrasse. Das ist nichts für Familien mit Kindern, höchstens etwas für Touren- und Rennfahrer. Ein Veloschild suchen wir am Ausgang der Unterführung leider vergeblich. Keine Sorge, wir sind nicht falsch und biegen zunächst rechts in die Compognastrasse ein. Schon nach wenigen Radumdrehungen sehen wir das rote Schild, das links hinunter zum Hinterrhein weist.

Velos an der Autobahnraststätte

An Waldschwimmbad vorbei pedalen wir nun talauswärts, von hier an ist die gesamte Strecke bis Domat-Ems vorbildlich beschildert. Wie gut, dass es das Projekt «Veloland Schweiz» gibt; noch vor 20 Jahren musste man sich mühsam anhand von Wanderkarten geeignete Routen suchen und diese endeten dann oft

Auf den Schotterwegen zwischen Rothenbrunnen und Domat-Ems sind viele Mountainbiker unterwegs.

Eine Feuerstelle, wie man sie gern hat: Zwischen Ravetg und Buigls entdecken wir mehrere idyllische Rastplätze.

an Wegen mit allgemeinem Fahrverbot. Wer hat Lust auf eine kleine Pause an der Autobahnraststätte? Neben der Tankstelle sind unzählige Velos parkiert. Nein, wir schreiben keinen autofreien Sonntag mit Velofahrern auf der A13. Unser Veloweg führt direkt an der Autobahnraststätte vorbei und diese steht für einmal auch Zweirädern ohne Motor offen. Ein kurzes Stück verläuft unsere Route nun parallel zur Autobahn, zum Glück zweigt der Weg schon bald in ein Maisfeld ab. Mais werden wir übrigens bis nach Rothenbrunnen noch öfters zu Gesicht bekommen.

Burg reiht sich an Burg

Um die Burgen im Domleschg sehen zu können, müssen wir unsere Hälse etwas über die mannshohen Maisfelder recken. Zum Glück gibt's da und dort schon abgeerntete Felder. Schloss Fürstenau, Ruine Hohenrätien, Schloss Rietberg, Ruine Neu-Sins, Ruine Alt-Sins und Schloss Ortenstein lauten die klangvollen Namen der wehrhaften Festungen im Domleschg. Bei der RhB-Station Realta queren wir zunächst den Hinterrhein und kurz darauf die A13, bevor wir links abzweigen und durch ausgedehnte Riedwälder auf ebenem Weg gut voran kommen. Kurz vor Rothenbrunnen queren wir vorsichtig die Zufahrtsstrasse nach Tomils, die von einigen Einheimischen auch als «Rennstrecke» benutzt wird. Daher gilt die Losung, lieber einmal ein Auto länger warten und danach die Strasse sicher queren. Unterdessen können wir uns die Wartezeit mit dem Blick zurück zum Schloss Ortenstein versüssen. Dieses thront auf einem Felssporn hoch über dem Talboden und gilt als eine der schönsten und besterhaltensten Burgen in Graubünden. Während der Schamserfehde im Jahre 1451 – dem Aufstand der Talleute gegen die Herrscher des Hauses Werdenberg – zerstörten die Bauern die Burg, diese wurde später jedoch wieder aufgebaut.
Hinter Rothenbrunnen müssen wir etwas

Informationen

Veloregion:
Domleschg / Graubünden

Fahrzeit:
Familien im gemütlichen Tempo sind zwischen Thusis und Domat-Ems gut 1 h 30 min unterwegs.

Veloroute:
Nr. 6 «Graubünden-Route»

Velokarten:
Velokarte 13 «Sarganserland», Verlag Hallwag Kümmerly+Frey, Massstab 1:60 000

Schwierigkeitsgrad:
Leicht – fast ausschliesslich autofreie Wege, die genügend breit sind. Ein Country- oder Mountainbike wird empfohlen.

Höhenmeter:
Ebene Velowege zwischen Thusis und Rothenbrunnen. Daran schliessen mehrere kleine Aufstiege und Abfahrten – 75 m bergauf, 129 m bergab.

Velosaison:
Die ideale Ausflugszeit für Radler ist von April bis Oktober. Im Winter sind die Wege in den Wäldern oft vereist und mit Schneeresten bedeckt.

Anreise ÖV:
Um nach Thusis zu gelangen, fahren wir mit den SBB bis Chur und steigen in den bereitstehenden Schnellzug der Rhätischen Bahn (RhB) Richtung St. Moritz um.

Anreise Auto:
Auf der A13 bis Ausfahrt Thusis-Süd. Von dort aus sind es nur wenige hundert Meter Richtung Zentrum. Parkplätze auf der Marktwiese (Hartbelag) oder beim Bahnhof.

Zurück zum Ausgangspunkt:
Von Domat-Ems nehmen wir den Regionalzug der Rhätischen Bahn nach Thusis.

Velomiete:
Am Bahnhof Thusis können Countrybikes mit Trailern (Kindertransportern) gemietet werden.

Attraktionen für Familien:
Waldschwimmbad gleich zu Beginn unserer Tour in Thusis. Mehrere Feuerstellen am Veloweg. Würste zum Grillen mitnehmen!

Weitere Auskünfte:
Regionale Tourismusorganisation Heinzenberg-Domleschg
Äussere Bahnhofstrasse
7430 Thusis
Tel. 081 651 11 34
www.thusis-viamala.ch

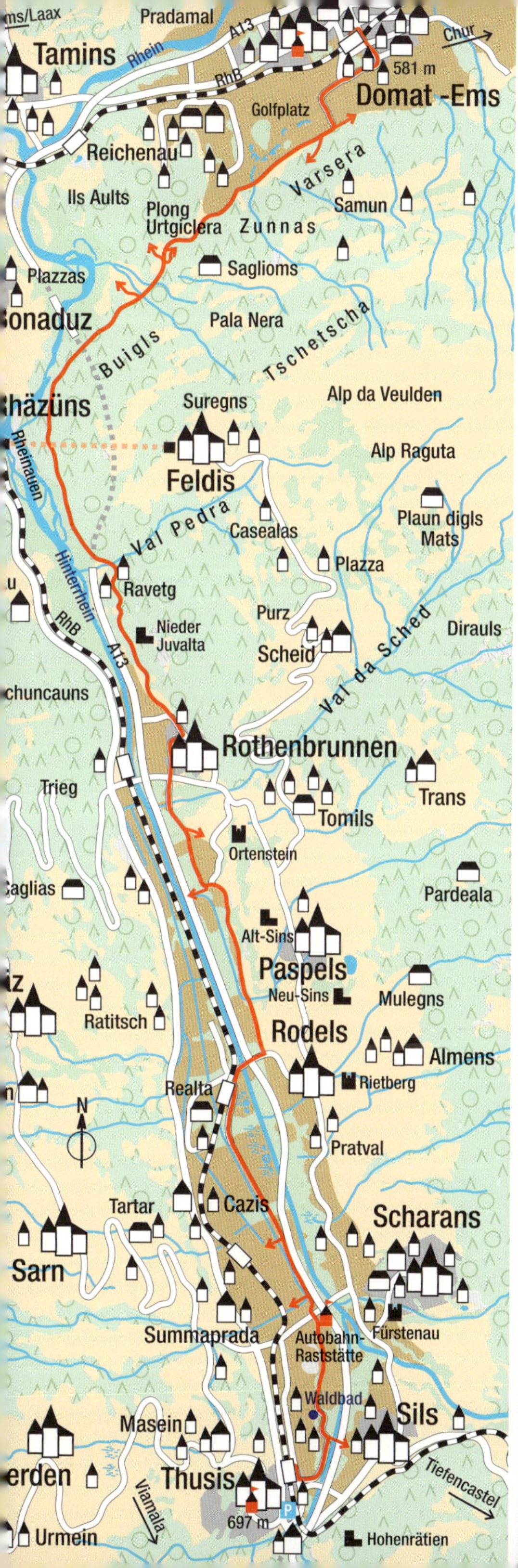

kräftiger in die Pedale treten. Der Weg steigt merklich an, jedoch auch wieder nicht so, dass zartbesaitete Velofahrer nun absteigen müssten. Hoch über unseren Köpfen entdecken wir die Ruine Nieder Juvalta. Sie gleicht einem abgebrochenen Eckzahn, von dem Turm ist nur noch die Hälfte übrig geblieben. Einen familientauglichen Pfad hinauf gibt's nicht, deshalb begnügen wir uns mit einem kurzen Augenschein von der sicheren Strasse aus. Die Landschaft wird wilder und zu unserer Rechten ragen himmelhohe Felsen in die Höhe. Ein Schild warnt vor Steinschlaggefahr und mahnt die Fussgänger und Velofahrer die Stelle rasch zu durchqueren. In Ravetg bellt ein Hund. Hier in der Abgeschiedenheit hoch

Wir erreichen mehrere Aussichtspunkte mit Blick auf die Rhäzünser Rheinauen.

Schon fast an unserem Ziel: Auf den letzten Metern pedalen wir vorbei an Einfamilienhäusern in Domat-Ems

Eine Genusstour ohne Anstrengung – der Weg verläuft bis Rothenbrunnen topfeben.

über den Rhäzünser Rheinauen leben einige Landwirte. Unser Weg quert den kleinen Fluss, der aus dem Val Pedra sprudelt, danach geht's wieder um einige Felsnasen herum. Auf den folgenden Lichtungen erwarten uns idyllisch gelegene Feuerstellen, denen wir nur schwer widerstehen können.

Inseln entstehen, Inseln vergehen

Zwischen den Bäumen erhaschen wir da und dort ein Blick auf die Rhäzünser Rheinauen, die Eingang ins Bundesinventar der Landschaften und Naturdenkmäler von nationaler Bedeutung fanden. Die Dynamik des Wassers schafft hier fortwährend neue Inseln, überflutet Flussufer und lagert wie zur Urzeit grosse Mengen Schotter ab. Die letzte grössere, natürliche Flusslandschaft der Schweiz nimmt zwischen Rothenbrunnen und Reichenau in Schlaufen und Windungen ihren Lauf. Alte Kiesinseln, die noch vor Tagen einer reichen Vegetation Lebensraum boten, hat das Wasser verschluckt. Damit beginnt ein neuer Zyklus in diesem faszinierenden Ökosystem.
Unser Weg schlängelt sich hoch über den Rhäzünser Rheinauen durch einen trockenen Föhrenwald. Beim Hügel mit dem unaussprechlichen rätoromanischen Namen Plong Urtgiclera gibt's mehrere Wegverzweigungen, wir folgen den roten Veloschildern und fahren nicht zum Bahnhof Reichenau hinunter. Unsere Route durch den Bergwald und hinunter zum Golfplatz ist viel schöner, so rasch mag auch niemand die Tour abbrechen. Haben wir den Golfplatz hinter uns gelassen, radeln wir auf dem Veloweg der Via Quadras – ein schmuckes Quartiersträsschen mit Einfamilienhäusern. Warum ein separater Veloweg mag sich der eine oder andere fragen, da es hier kaum Autos gibt? Noch eine Kurve, danach die Zielgerade und beim Bahnübergang haben wir den Bahnhof Domat-Ems erreicht.

Kultur und FAMILY-Tipp

Chur – die älteste Stadt der Schweiz
Auf der Zielgeraden in Domat-Ems können wir uns entscheiden, die Velotour bis Chur zu verlängern. Wir biegen gleich nach der Kurve von der Via Quadras in Domat-Ems ab und pedalen weiter über ausgedehnte Felder und später zwi-

schen Autobahn und dem Trassee der Rhätischen Bahn direkt nach Chur. Bei der Kreuzung Rosenboden-/Pulvermühlestrasse entscheiden wir uns, ob wir zunächst noch einen Abstecher ins Schwimmbad in der Oberen Au unternehmen (die Kids wird's freuen) oder direkt hinauf in die Altstadt von Chur fahren.
Chur ist die älteste Stadt nördlich der Alpen und damit natürlich auch von der Schweiz. Bereits aus der Jungsteinzeit (3000 v. Chr.) stammen die ersten Siedlungsfunde. Vor 2000 Jahren erkoren die Römer Chur zur Hauptstadt der Raetia Prima. Den Besuchern wird heute eine attraktive, autofreie Altstadt mit vielen idyllischen Strassencafés geboten. Es lohnt sich, durch die Gässchen zu schlendern, teilweise darf sogar mit dem Velo in der Altstadt gefahren werden.
Wer mag, kann in Chur übernachten und am nächsten Tag eine weitere in diesem Führer beschriebene Velotour anhängen.

Weitere Informationen:
www.churtourismus.ch
Tel. 081 252 18 18

Von der Maraner Alp könnten wir nach Norden zum Ober Prätschsee fahren.

Panoramarunde in den «Churer Alpen»

Wenn sich die Bahn durch die vielen Kurven des urtümlichen Schanfigg schlängelt, glauben Ortsunkundige ans Ende der Welt gereist zu sein. Arosa, den international bekannten Ferienort, erwarten sie kaum an Ende des Tals auf einer 1800 m ü. M. gelegenen, sonnigen Hochebene.

Sportliche Mountainbiker und Familien mit Kindern fahren beide gern nach Arosa, denn die Möglichkeiten für umweltfreundliche Zweiräder sind riesig. Wir richten unser Interesse ganz auf die autofreien Alpwege, die auch mühelos mit

Unterwegs zwischen der Maraner Alp und der Ochsenalp hoch über dem Schanfigg

der grossen Kabine der Weisshornbahn erreicht werden. Auf diese Weise gelangen wir im Nu zur Mittelstation auf 2015 m ü. M. Der Nachteil: Wir können nur die halbe Runde fahren, dafür liegen vielleicht Abstecher zur Ochsenalp bzw. zur Carmennahütte drin – je nachdem welche Richtung wir ansteuern. Möglicherweise lohnen sich auch beide Touren, denn für nur acht Franken (2008) kann eine Tageskarte für alle Bergbahnen gekauft werden. Wer im Dorf einmal übernachtet, erhält die Arosa-Card sogar kostenlos.

Von der Sattelalp lohnt sich ein Abstecher zur 114 m höher gelegenen Carmennahütte.

Mühelos bergauf

Wenn es den Kindern nichts ausmacht, auch mal einige Höhenmeter zu überwinden, ist die Panoramarunde dem Downhillplausch mit der Weisshornbahn vorzuziehen. Weil die Strasse über den Hof Maran bis zum grossen Hotel Prätschli asphaltiert ist, strengen wir uns kaum an. Mit einem leichten Mountainbike bezwingen wir die Höhenmeter schon fast so, als wären sie gar nicht vorhanden. Unterwegs begegnen wir wenigen Autos, die bis zum Hotel Prätschli fahren dürfen. Auch der blaue Arosabus verkehrt hier, Velos können damit allerdings nicht befördert werden. Vom Hotel Prätschli ist es nicht mehr weit bis zur Maraner Alp, von wo aus wir leicht weiter steigend zum Ober Prätschsee fahren könnten. Dieser Weg würde über Rot Tritt zur Ochsenalp führen, wo es ein abgelegenes Bergrestaurant gibt. Allerdings ist diese Variante ab Rot Tritt nur guten Mountainbikefahrern zu empfehlen, da es über einen leicht exponierten Wanderweg geht. Aus diesem Grund begnügen wir uns mit einem Picknick am Ufer des romantischen Ober Prätschsees, in welchem sich bei Windstille das markante Felsengebirge der Mederger Flue spiegelt. Nach diesem Abstecher kurbeln wir auf dem gleichen Weg zurück zur Maraner Alp und nehmen bei der Abzweigung den Weg rechts hinauf.

Ausgangsort und Ziel unserer Tour ist der Obersee in Arosa.

Knorrige Arven im Arlenwald

Zunächst heisst es erneut tüchtig in die Pedale steigen und ein bisschen «klettern»,

Die «Churer Alpen» wie das Gebiet oberhalb von Arosa auch genannt wird, ist ein Gebiet mit familienfreundlichen Wegen – die nicht zu lang und nicht zu steil sind.

Informationen

Veloregion:
Arosa / Graubünden

Fahrzeit:
Für die Panoramarunde über die Sattelalp benötigen gemütliche Radler rund 1 h 30 min. Die Abfahrt nach Litzirüti dauert 45 min.

Veloroute:
Lokale Mountainbike-Strecken

Velokarten:
Velokarte 13 «Sarganserland», Verlag Hallwag Kümmerly+Frey, Massstab 1:60 000. Auf der Karte «Lenzerheide-Valbella» von Bike-Explorer, Masstab 1:40 000, sind auch die Strecken in Arosa eingezeichnet.

Schwierigkeitsgrad:
Leicht – breite, autofreie Wege. Ein Mountainbike wird empfohlen.

Höhenmeter:
320 m bergauf zwischen Arosa Obersee und Sattelalp. Wem dies zu viel erscheint, kann mit der Weisshornbahn bis zur Mittelstation fahren und dann entweder über die Sattelalp oder über die Maraner Alp zurück zum Ausgangspunkt fahren. Sattelalp – Carmennahütte: zusätzlich 114 Höhenmeter.

Velosaison:
Von Mitte Juni bis Mitte September

Anreise ÖV:
Von Chur mit der Rhätischen Bahn (RhB) bis Arosa

Anreise Auto:
Auf der A13 bis Ausfahrt Chur-Nord. Der Beschilderung durch die Stadt Chur folgen. Nach einer kurvenreichen Fahrt treffen wir in Arosa ein. Parkplätze am See.

Zurück zum Ausgangspunkt:
Wer nur die Panoramarunde macht, kommt automatisch zum Ausgangspunkt zurück. Von Litzirüti fahren wir mit der RhB zurück nach Arosa.

Velomiete:
Am Obersee können bei Bike-Arosa (Tel. 081 377 23 77) Mountainbikes gemietet werden.

Attraktionen für Familien:
Am Untersee gibt es ein schönes Strandbad mit Sandstrand. Nach der Panoramarunde lohnt sich die Abfahrt nach Litzirüti, auf diesem Weg kommen wir auch am Untersee vorbei.

Weitere Auskünfte:
Arosa Tourismus
Poststrasse, 7050 Arosa
Tel. 081 378 70 20
www.arosa.ch

nach wenigen Radumdrehungen erreichen wir den knorrigen Arlenwald. Die teilweise viele hundert Jahre alten Bäume trotzen auf über 2000 m ü. M. Wind und Wetter. Der geschlossene, gut ein Kilometer lange und 500 Meter breite Wald ist ein Kuriosum, denn er befindet sich über der Baumgrenze in Arosa. Bei der Mittelstation der Weisshornbahn angekommen, haben wir das Gröbste hinter uns. Im Beizli gönnen wir uns ein kühles Getränk, bevor wir nur noch leicht bergauf über die Sattelalp zur nächsten Wegverzweigung gelangen. Wer noch Reserven hat, tritt nochmals kräftig in die Pedale und erobert die letzten Höhenmeter bis zur Carmennahütte, die auf 2234 m ü. M liegt – den höchsten Punkt, der auf familienfreundlichen, breiten Alpsträsschen in Arosa zu erreichen ist. Auf dem gleichen Weg gelangen wir zurück zur Verzweigung auf 2054 m ü. M., von wo aus wir zur Abfahrt über Ifang nach Innerarosa starten. Die Dorfstrasse teilen wir wieder mit einigen Autos.
Wenn noch Zeit bleibt, fahren wir nicht direkt zurück zum Bahnhof, sondern radeln – weiter alles bergab – zum Untersee und durch den Usser Wald bis zum kleinen Dörfchen Litziräti (1452 m ü. M.), wo es auch einen Bahnhof der Rhätischen Bahn gibt.

Unser FAMILY-Tipp

Alpen Club Micky Maus
Arosa ist nicht nur eine velo- sondern auch ein ausgesprochen kinderfreundlicher Ferienort. Viele Spielplätze, Kindermenüs unter zehn Franken und Gratis-Sirup in fast jedem Restaurant: Bei Arosa-Tourismus gibt's eine Liste mit den besten Angeboten. Während den Sommer- und Herbstferien findet auch ein betreutes Aktivprogramm für Kinder statt. Dieses steht jenen Familien offen, die in Arosa übernachten. Wenn's mal regnet, was es auch in Arosa geben soll, wird im Kinderzentrum Ochsenbühl gebastelt, gespielt, jongliert. Bei schönem Wetter erleben die Kinder ein aktives, unvergessliches Programm in der herrlichen Bergwelt. Schatzsuche, Schnitzeljagd, Hütte bauen, Tiere beobachten, Pedalo fahren sind nur einige der vielen spannenden Höhepunkte während einer Micky-Maus-Woche. Wer in einem der sieben Partnerhotels wohnt (Liste verlangen), nimmt am täglichen Programm kostenlos teil. Alle anderen Gästekids bezahlen einen Unkostenbeitrag von 10 Franken. Das Mittagessen kostet für alle nochmals 10 Franken (Preise 2008). Der Sirup ist wie immer kostenlos.

Weitere Infos:
www.arosa.ch
Tel. 081 378 70 20

Oberengadin (GR)

Fünf Traumseen in zwei Stunden

Was haben Bariloche in Argentinien, Queenstown in Neuseeland und das Oberengadin in der Schweiz gemeinsam? Alle drei Orte weisen eine ähnliche Traumlandschaft mit Seen, herrlichen Wäldern und Bergen auf. Und in all diesen Regionen fühlt man sich sofort wohl, auch wenn der Wind mal kräftiger bläst und die kühlen Temperaturen nicht gerade zum Sprung ins Wasser einladen.

Ein breiter, nur für Fussgänger und Radfahrer vorgesehener Naturweg führt entlang des Silvaplanersees.

«Hier sass ich, wartend, wartend, – doch auf Nichts, Jenseits von Gut und Böse, bald des Lichts geniessend, bald des Schattens, ganz nur Spiel, ganz See, ganz Mittag, ganz Zeit ohne Ziel» – so schrieb der deutsche Philosoph Friedrich Nietzsche (1844–1900), der sieben Sommer seines Lebens im Oberengadiner Dörfchen Sils verbrachte.

Auch für Familienradler ist das Oberengadin etwas ganz Besonderes, Vergleichbares finden wir allenfalls in Queenstown oder in Bariloche, doch so weit brauchen wir nicht zu reisen. Den besonderen Reiz für Familien machen die praktisch ebenen Wege in einer herrlichen Berglandschaft aus, die man wohl an keinem anderen Ort in der Schweiz findet.

Unsere Velotour beginnt in Sils-Maria. Bevor wir Richtung Surlej losfahren, lohnt sich eine kleine Runde durchs Dorf. Die mächtigen Engadiner Häuser mit ihren Erkern und den Sgrafitti-Verzierungen prägen das Dorfbild am Ausgang der Fedaclaschlucht.

Seen, Wiesen, Wälder

Die kurze Strecke zwischen dem Dorf Sils-Maria und der Talstation der Furtschellas-Bahn teilen wir mit wenigen Autos. Diese bleiben auf dem Parkplatz und wir geniessen den schnurgeraden Naturweg, der über die weite Wiesenlandschaft zum Silvaplanersee führt. Zunächst pedalen wir noch kurvenreich und ziemlich eben zwischen Lärchen

Kurze Verschnaufpause im weichen Ufergras von St. Moritz (oben). Das Schloss in Surlej (Mitte) ist in Privatbesitz.

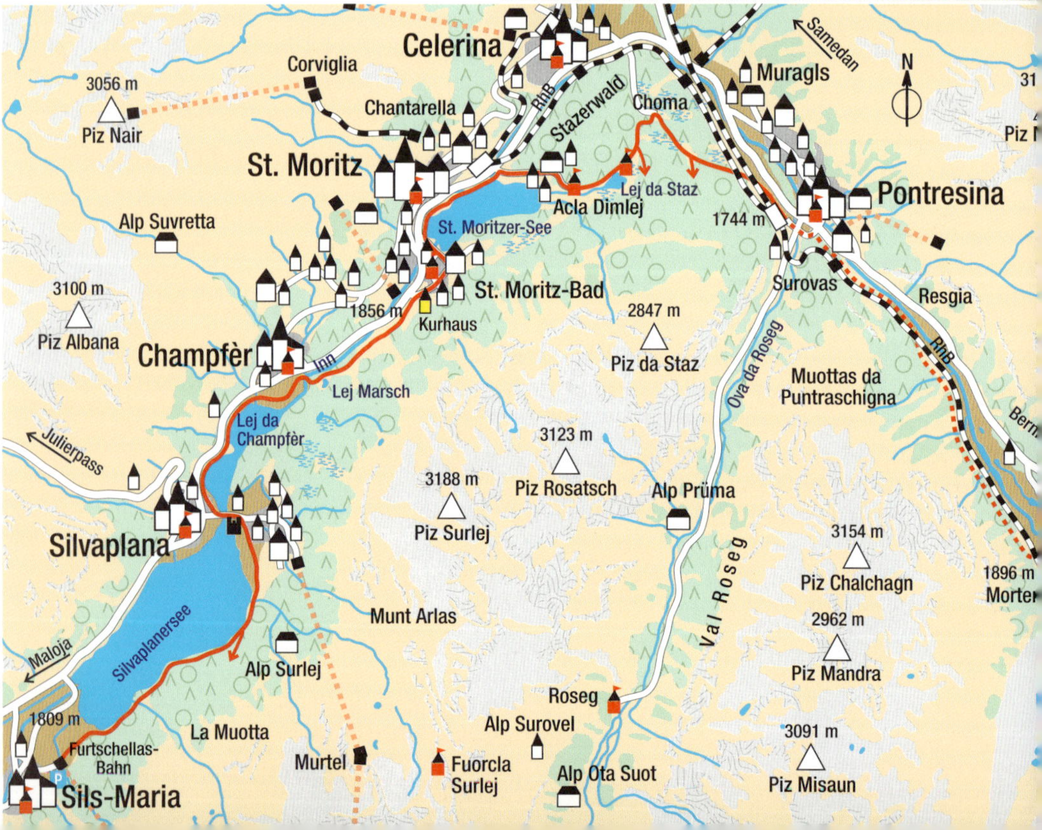

Die Uferpromenade am St. Moritzer-See ist geteert.

und dem Seeufer, doch schon nach wenigen hundert Metern nehmen wir die erste kleine Steigung in Angriff. Je nach Qualität und Gewicht des Bikes steigen wir ab oder nehmen die Rampe im Sturm. Nach einem kurzen, ebenen Teilstück durch den Wald folgt eine steile Abfahrt hinunter zum Ufer, dem wir anschliessend nach Surlej folgen. Eine Brücke trennt hier zwei Seen. Für Radfahrer ist der Uferweg auf der linken Seite des Lej da Champfèr vorgesehen. Fast zu schnell erreichen wir schon den Ausfluss am Inn, wo wir über eine Holzbrücke fahren und wenig später den kurzen Aufstieg zum Lej Marsch bewältigen.

Eisenhaltiges Quellwasser im Kurbad

Zwei Olympiaschanzen, ein Campingplatz und ein Fünfsternehotel liegen zwischen dem Badesee und St. Moritz-Bad. Wir können ein No-

Informationen

Veloregion:
Oberengadin / Graubünden

Fahrzeit:
Es lohnt sich nicht, die Strecke von Sils nach Pontresina im Eilzugstempo abzustrampeln. Genussradler, die auch mal Pausen einschalten können, benötigen für den Weg rund 2 h.

Veloroute:
Lokale Velowege auf den Oberengadiner Wanderwegen

Velokarten:
Bei den lokalen Tourismusbüros ist die Velokarte «Oberengadin» (Massstab 1:50 000) von Bike Trail Map erhältlich

Schwierigkeitsgrad:
Angenehme und leichte Velotour – meistens fahren wir auf breiten Natur- und Wanderwegen. Hierfür benötigen wir ein Country- oder Mountainbike mit griffigen Stollenreifen.

Höhenmeter:
50 m Steigung am Silvaplanersee, kleine Steigung bei Champfèr zum Lej Marsch sowie 34 Höhenmeter zwischen dem Bahnhof St. Moritz und dem Lej da Staz. Mehrere kurze und nicht zu steile Abfahrten am See und im Wald.

Velosaison:
Die Wege im Talboden des Oberengadins sind meist von Juni bis Oktober schneefrei.

Anreise ÖV:
Mit den SBB bis Chur, weiter mit der Rhätischen Bahn (RhB) bis St. Moritz. Sofern genügend Platz vorhanden, nimmt der Engadin Bus auch Velos mit (2008: 6 Franken pro Fahrrad).

Anreise Auto:
Auf der A13 bis Ausfahrt Thusis-Süd. Weiter über Tiefencastel, Savognin und den Julierpass nach Silvaplana, wo wir beim Kreisel rechts nach Sils abzweigen. Parkhaus Dorf oder bei der Talstation der Furtschellas-Bahn.

Zurück zum Ausgangspunkt:
Zwischen Pontresina und Sils fährt der Engadin Bus.

Velomiete:
Mountainbikes bei Fainera Sport in Sils (Tel. 081 826 55 02). Bei Flying Cycles (Tel. 081 834 57 50) können in Pontresina Elektro-Flyer gemietet werden.

Attraktionen für Familien:
Zwei Badeseen (Lej Marsch und Lej da Staz) mit angenehmen Wassertemperaturen liegen an der Veloroute.

Weitere Auskünfte:
Sils Tourist Information
7514 Sils
Tel. 081 838 50 50
www.engadin.stmoritz.ch

EXTRA-Tour:

Mit dem Mountainbike ins Val Fex
Vom Engadiner Hochtal mit seinen Seen und weiten Talböden erstrecken sich mehrere lange Seitentäler gegen Süden und Norden, zum Beispiel das Val Bever, das Val Chamuera, das Val Roseg oder das Val Fex. Sie alle sind autofrei

und ein Eldorado für Velofahrer, die über ein Country- oder Mountainbike verfügen. Auch das Val Fex, das sich vom Engadiner Feriendorf Sils bis zum Gletschertor des Vadret dal Fex ausdehnt, ist eine kleine Herausforderung für Natur- und Mountainbikefreunde. Die Steigungen sind selbst für Kinder machbar, Absteigen und schieben ist selbstverständlich erlaubt. Gleich zu Beginn der Tour erwartet uns eine knackige Bergstrecke durch den Lärchenwald bis hinauf zum Fünfsternehotel Waldhaus. Es folgt eine kleine Abfahrt nach Platta, wo wir erneut kräftig in die Pedale treten müssen, um den kleinen Weiler Crasta auf 1951 m ü. M. zu erreichen. Das romantische Bergkirchlein vor der atemberaubenden Landschaft ist ein Fotomotiv, das man nicht auslassen darf. Das Kirchlein mit wertvollen Fresken stammt aus dem 16. Jahrhundert. Den ersten Durst löschen wir im benachbarten Restaurant, wo auch die Pferdeomnibusse halten. Von Crasta geht's mehr oder weniger angenehm, mal runter, mal rauf der Fedacla (Fexbach) entlang über Curtins bis Chalchais (Hotel und Restaurant), wo das Natursträsschen endet. Zurück nach Sils gelangen wir auf dem gleichen Weg.

belessen für zehntausend Franken pro Person oder – etwas bekömmlicher – das eisenhaltige Quellwasser im Kurbad kostenlos geniessen. Wir pedalen an der 400-Meter langen Leichtathletik-Rundbahn vorbei, wo Olympiasieger und Weltrekordhalter bei der dünnen Luft auf 1800 m ü. M. trainieren. Schon ist der St. Moritzer-See in Sicht. Wir fahren vorsichtig auf dem Seepromenadenweg zum Bahnhof und achten dabei vor allem auf die vielen Spaziergänger. Der Velowegweiser zeigt beim Bahnhof erneut über den Inn, die anschliessende Steigung, vorbei an hübschen Villen, nehmen wir mit einigem Staunen. Die millionenteuren Ferienhäuser sind wie aus einer anderen Welt, doch eines haben sie alle gemeinsam – eine prächtige Aussicht über den See aufs Oberengadiner Traumtal.

Badehose dabei?

Weil der Weg kaum spürbar ansteigt, geniessen wir die weitere Fahrt entlang von Hochmoorlandschaften zum Lej da Staz. Badehose dabei? Dann wird es höchste Zeit für eine Abkühlung. Im Gegensatz zum Silvaplaner-, Champfèr- und St. Moritzer-See gibt's hier angenehme Wassertemperaturen. Sogar ein kleiner Sandstrand beim Restaurant steht den Badefreunden zur Verfügung. Dieser darf kostenlos benutzt werden, was in der Schweiz keine Selbstverständlichkeit ist. Mehrere Feuerstellen am Ufer laden dazu ein, mitgebrachte Würste auf die Eisenroste zu legen. Nun wird's Zeit für den Endspurt. Wir verabschieden uns von der Hochmoorlandschaft und erreichen den Stazerwald. Auf dem nun folgenden Teilstück fahren wir zunächst bergab bis Choma, wo wir vom Strässchen abzweigen und nun auf einem schmaleren Bikerweg durch den Wald und später unter den beiden Trassees der Rhätischen Bahn hindurch zum Bahnhof Pontresina gelangen. Hier warten wir auf die nächste Abfahrt des Engadin Bus.

Selbst im Juli und August benötigen wir manchmal im Oberengadin eine Jacke, besonders wenn die rauhen Winde blasen.

Die weiten Ebenen von Sils blieben dank der Initiative von Landschaftsschützern von der Überbauung verschont.

Wer wird von Kutschen im Trab überholt?

Die mächtige Berninagruppe mit ihren vergletscherten Gipfeln wirkt wie eine eiszeitliche Arena. Über die wichtigsten Berge des östlichen Alpenhauptkamms verläuft nicht nur die Grenze zwischen Italien und der Schweiz, dort finden sich auch ästhetische Höhepunkte wie der frei stehende Piz Roseg oder der mächtige Piz Bernina, einziger Viertausender der Ostalpen.

Wie kein zweites Tal im herrlichen Oberengadin öffnet sich das Val Roseg gegen die vergletscherten Gipfel des Berninamassivs. Schon vom Eingang des Val Roseg strahlt den Besuchern die doppelgipflige Bergkuppe des Piz Roseg (3937 m ü. M.) entgegen. Dem Südtiroler Extrem-Bergsteiger Heini Holzer wurde dieser Gipfel zum tödlichen Verhängnis, als er versuchte mit den Skiern die zerklüftete Nordostwand hinunterzufahren.

Genusstour mit oder ohne Elektro-Flyer

Zum Glück ist noch kein verrückter Biker auf die Idee gekommen, sich die zerschundenen Eisabstürze hinunterzustürzen. 99,9 % aller Velofahrer haben im Val Roseg ganz andere Ziele – nämlich eine gemütliche Genusstour zum Hotel Restaurant Roseg Gletscher, verbunden mit einem leckeren Mittagessen auf der Sonnenterrasse. Unser Ziel erreichen wir je nach Kon-

Kleine Aufstiege im Val Roseg meistern auch Kinder spielend – vor allem im Angesicht der Gletscher, wo oft ein kühles Lüftlein weht. Unterwegs begegnen wir zahlreichen Kutschen und Pferdeomnibussen.

Nach dem Muot da Crasta öffnet sich das Tal und wir blicken auf die vergletscherte Bergarena mit dem Piz Bernina.

dition mit oder ohne Elektro-Flyer völlig mühelos bzw. mit leichter Anstrengung, denn die autofreie Naturstrasse führt kontinuierlich bergauf. Langsame Biker müssen es sich allerdings gefallen lassen, dass sie von Pferdekutschen im Trab überholt werden.
Richtigerweise ist das Val Roseg auch ins Bundesinventar der Landschaften und Naturdenkmäler von nationaler Bedeutung (BLN) aufgenommen worden. Die Gemeinden Samedan und Pontresina haben das Tal schon vor Jahrzehnten zur alpinen Ruhezone erklärt und damit den Grundstein für den uneingeschränkten Schutz seiner landschaftlichen Schönheit gegelgt. 1976 hat schliesslich auch die Bündner Regierung einem unbefristeten Gesetz über den Schutz des Val Roseg zugestimmt. Es beinhaltet insbesondere den totalen Landschafts- und Pflanzenschutz, belegt das Tal mit einem strengen Bauverbot (auch für touristische Anlagen oder Kraftwerke) und regelt den Strassenverkehr.
Nach der Vereinbarung vom 19. August 1538 gehört das Gebiet hinter der Alp Acla Colani zur Gemeinde Samedan, obwohl das Val Roseg eigentlich vor der Haustür der Gemeinde Pontresina liegt. Eine politische Exklave also, die über die Hälfte des Gemeindegebietes von Samedan in Anspruch nimmt. Rosen sucht man übrigens im Val Roseg vergeblich. Nach dem Rhätischen Namenbuch von Dr. Andrea Schorta soll das Wort «Rosa», von dem auch Roseg abgeleitet ist, lateinischen Ursprungs sein. Es bedeutet Gletscher, Wildbach oder Erdrutsch.

Leicht bergauf zur Gletscharena

Der Bahnhof Pontresina liegt direkt am Taleigang, bequemer geht es kaum mehr. Auch

EXTRA-Tour

Durchs Val Bernina
von Morteratsch nach Pontresina

Pontresina auf 1805 m ü. M. bietet eine ganze Palette an lohnenden Zielen, die mit dem Fahrrad oder Mountainbike erreicht werden können. Beliebt ist die Fahrt durch den Stazerwald nach St. Moritz oder Celerina, auch der Weg entlang

der Flaz über Punt Muragl nach Samedan und weiter nach Bever gilt als Klassiker. Wer noch Zeit hat, sollte aber unbedingt von Morteratsch nach Pontresina radeln. Diese Strecke ist vor allem für Familien mit Kindern ein Genuss. Mit der Rhätischen Bahn (RhB) gelangen wir zum Ausgangspunkt in Morteratsch, wo wir uns zunächst auf der Sonnenterrasse des Berghotels für die bevorstehende Tour stärken können und dabei die Aussicht auf den Morteratschgletscher geniessen. Wer zum Gletschertor will, muss diesen Ausflug zu Fuss unternehmen, denn ein allgemeines Fahrverbot hält (nicht) alle Biker ab. Unsere Tour führt in die entgegengesetzte Richtung. Wir fahren ausschliesslich auf weichen Wald- und Feldwegen, zum Teil geht's auch über Wurzeln und gröbere Steine – der ideale Ort, um sich mit dem Mountainbike auszutoben, ohne dabei grosse Risiken einzugehen. Die ausgeschilderte Strecke führt parallel zum Wanderweg und zum Trassee der Rhätischen Bahn. In einer knappen Stunde haben wir unser Ziel Pontresina erreicht.

die Naturstrasse lässt nicht lange auf sich warten. Sie beginnt gleich hinter der ersten Wegbiegung. Etwas unangenehm sind einzig die Hinterlassenschaften der Pferde, denen man ab und zu auszuweichen hat. Einige kurze aber harmlose Steigungen gilt es zu bewältigen. Hat man die Alp Prüma erreicht und den Wildbach Ova da Roseg zum ersten Mal überquert, kommt man flott voran. Zum Glück geht's auch immer wieder durch schattig kühle Lärchenwälder, so dass wir nicht zu arg ins Schwitzen geraten. Zum Schluss winkt ein herrlicher Blick über den weiten hinteren Talboden zur Gletscherarena.

r Rosegbach wird auf einfachen Holz-
icken zweimal überquert.

Informationen

Veloregion:
Oberengadin / Graubünden

Fahrzeit:
16 Kilometer sind es vom Bahnhof Pontresina zum Hotel Roseg und wieder zurück. Als eher gemütliche Radler benötigen wir hierfür zwei Stunden.

Veloroute:
Lokaler Veloweg in Pontresina

Velokarten:
Beim Tourismusbüro Pontresina ist die Velokarte «Oberengadin» (Massstab 1:50 000) von Bike Trail Map erhältlich.

Schwierigkeitsgrad:
Angenehme und leichte Velotour – wir pedalen auf einem breiten Schotterweg. Motorfahrzeuge dürfen nicht ins Val Roseg fahren, es kommen uns aber zahlreiche Kutschen und Pferdeomnibusse entgegen.

Höhenmeter:
Zwischem dem Bahnhof Pontresina und dem Hotel Roseg liegen 225 Höhenmeter. Die Steigung verteilt sich kontinuierlich auf die acht Kilometer lange Strecke.

Velosaison:
Die Naturstrasse im Val Roseg ist meist von Mitte Mai bis Ende Oktober befahrbar.

Anreise ÖV:
Mit den SBB bis Chur, weiter mit der Rhätischen Bahn (RhB) bis Pontresina

Anreise Auto:
Auf der A13 bis Ausfahrt Thusis-Süd. Weiter über Tiefencastel, Savognin und den Julierpass nach Silvaplana, wo wir beim Kreisel links nach St. Moritz abzweigen. Via Punt Muragl erreichen wir schliesslich Pontresina. Parkplätze beim Bahnhof oder Parkhaus unterhalb des Dorfes.

Zurück zum Ausgangspunkt:
Wir fahren auf dem gleichen Weg zurück zum Bahnhof Pontresina.

Velomiete:
Mountainbikes bei Fähndrich Sport in Pontresina (Tel. 081 842 71 55). Bei Flying Cycles (Tel. 081 834 57 50) können in Pontresina Elektro-Flyer gemietet werden.

Attraktionen für Familien:
Das familienfreundliche Erlebnisbad Bellavita in Pontresina bietet eine grosszügige Kinderzone und eine 75 Meter lange Rutschbahn. Mit einem Fernglas und etwas Glück lassen sich im Val Roseg Wildtiere beobachten (Gämsen, Steinböcke, Murmeltiere).

Weitere Auskünfte:
Pontresina Tourist Information
7504 Pontresina
Tel. 081 838 83 00
www.pontresina.ch

Schnellzug der Rhätischen Bahn im Val Bever

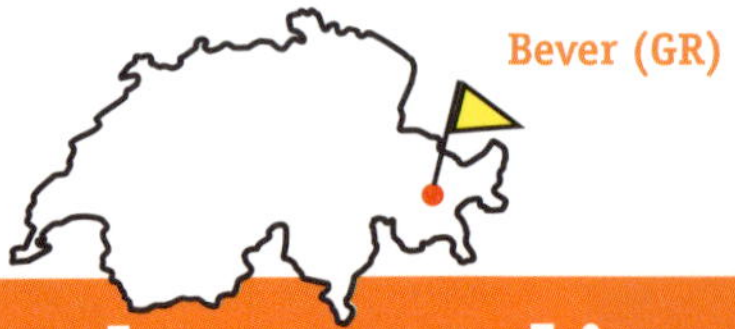

Familienveloparadies am Beverinbach

Das stille Bever ist nicht zu vergleichen mit dem benachbarten mondänen St. Moritz. Keine Top-Brands, kein Jetset, nirgends ein Rolls-Royce – dafür viel urtümliche Bergnatur und stolze Bürgerhäuser, in welchen noch echte Engadiner leben. Unsere Velotour führt ins Val Bever, eines der längsten Seitentäler im Oberengadin.

Ausgangspunkt unserer Tour ins Val Bever ist der Bahnhofplatz der Rhätischen Bahn, wo für die Autofahrer ausreichend Parkplätze zur Verfügung stehen. Wir strampeln nur wenige Meter auf der Dorfstrasse und unterqueren die Brücke der Rhätischen Bahn. Das

Weil es keine spürbaren Steigungen bis Spinas gibt, ist da Val Bever vor allem bei Famili en sehr beliebt.

Der Dorfkern von Bever weist stattliche mit Sgrafitti verzierte Engadiner Häuser auf.

Schmalspurtrassee mündet an dieser Stelle in eine scharfe Einfahrtskurve zum Bahnhof Bever. Hier verunglückte am 1. August 1952 der Schnellzug Chur – St. Moritz wegen überhöhter Geschwindigkeit. Die Lokomotive stürzte dabei auf die Strasse. Gleich nach der Brücke biegen wir links ab. Beim Volg-Dorflädeli haben wir Gelegenheit, uns mit Proviant einzudecken, falls wir nicht planen, im Berggasthaus Suvretta Spinas das Mittagessen einzunehmen.

Teil des UNESCO-Weltkulturerbes

Der Weg ist gut markiert und schon nach wenigen hundert Metern haben wir den Dorfrand und den Naturweg erreicht. Zunächst pedalen wir über eine offene Talsohle und beobachten vielleicht gerade einen der vielen Züge der Rhätischen Bahn, die ebenfalls durchs Val Bever brausen. Bei Resgia queren wir den Beverinbach auf einer alten Holzbrücke und pedalen durch würzigen Lärchenwald weiter taleinwärts. Einmal tief durchatment bitte, denn die gesunde Bergluft ist die reinste Wohltat für Körper und Geist! Das viele Kilometer lange Bergtal erstreckt sich bis zum Piz d'Err und kann auf seiner ganzen Länge durchwandert werden. Mountainbiker gelangen bis zur Alp Suvretta auf 2104 m ü. M., Velofahrer mit City- und Countrybikes begnügen sich mit Spinas auf 1815 m ü. M. Das Trassee der Rhätischen Bahn und die Beverin bleiben ständige Begleiter auf unserer Radtour durchs Val Bever. Die breite Natur-

Das Erlengebüsch am Beverinbach ist mit Alpen-Milchlattich übersäht.

strasse, auf der auch Pferdegespanne unterwegs sind, führt durch den Bergwald God Frasüroulas und entlang von saftigen Alpweiden. Hobbyfotografen freuen sich über die vielen schönen Stellen mit Ausblick auf die vorbeibrausenden Züge der Rhätischen Bahn. Diese verleihen dem Bild einen willkommenen roten Farbtupfer. Die Albulabahnlinie fand am 7. Juli 2008 Eingang ins UNESCO-Weltkulturerbe.

Informationen

Veloregion:
Oberengadin / Graubünden

Fahrzeit:
Die Radtour von Bever nach Spinas und zurück dauert 1 h 15 min. Wer bis zur Alp Suvretta fährt, benötigt für den Hin- und Rückweg rund 3 h.

Veloroute:
Lokale Velowege und Mountainbike-Strecken

Velokarten:
Bei den lokalen Tourismusbüros ist die Velokarte «Oberengadin» (Massstab 1:50 000) von Bike Trail Map erhältlich.

Schwierigkeitsgrad:
Leicht bis Spinas – breite Naturstrasse, die auch von Kutschen benutzt werden. Mittelschwer zwischen Spinas und der Alp Suvretta – grob geschotterter Alpweg für Mountainbikes.

Höhenmeter:
Kaum merklich ansteigend zwischen Bever und Spinas (107 Höhenmeter), auf dem weiteren Weg zur Alp Suvretta müssen Steigungen von nochmals 289 Höhenmeter genommen werden.

Velosaison:
Bis Spinas können wir meist schon Anfang Juni radeln, die Alp Suvretta ist je nach Witterung erst ab Juli vollkommen schneefrei.

Anreise ÖV:
Mit den SBB bis Chur, weiter mit der Rhätischen Bahn (RhB) bis Samedan und mit dem Regionalzug zurück nach Bever

Anreise Auto:
Auf der A13 bis Ausfahrt Thusis-Süd. Weiter über Tiefencastel, Bergün und den Albulapass nach La Punt und Bever. Parkplätze beim Bahnhof.

Zurück zum Ausgangspunkt:
Auf dem gleichen Weg zurück

Velomiete:
Am Bahnhof Samedan können Countrybikes mit Trailern (Kindertransportern) sowie Elektro-Flyer gemietet werden.

Attraktionen für Familien:
Märchenweg im Val Bever, der jedoch nur zu Fuss zu erkunden ist. Für Feriengäste gibt's die Kindertagesstätte «Kids Fun» am Bauernhof.

Weitere Auskünfte:
Bever Tourist Information
7502 Bever
Tel. 081 852 49 45
www.bever.ch

Bilderbogen aus dem Val Bever: Gegenverkehr durch Pferdegespanne, die Dorfkirche mit Volg-Lädeli im Vordergrund und Biker bei Resgia

Für die meisten Velofahrer ist in Spinas Endstation. Sie gönnen sich auf der Sonnenterrasse des Berggasthauses ein gutbürgerliches Mittagessen. Einige fahren noch bis Prasüratsch, wo sie unter den Bäumen oder am Bach romantische Picknickplätze finden. Wer noch weiter will, muss über ein gutes Mountainbike und kräftige Waden verfügen. Zurück nach Bever gelangen wir auf dem gleichen Weg. Dort haben wir die Möglichkeit auf dem Veloweg entlang des Inns bis Zuoz zu fahren (zusätzlich ca. 1 h).

Wo übernachten?

Berggasthaus Suvretta Spinas
Dort, wo der Schnellzug der Rhätischen Bahn im 5865 m langen Albulatunnel verschwindet, steht im harzig duftenden Lärchenwald in gesunder Bergluft das Berggasthaus Suvretta Spinas. Tagsüber gilt das Restaurant unter Wanderern

und Velofahrern als beliebtes Ausflugsziel. Im schmucken Berghaus kann man aber auch übernachten – gerade für Familien mit Kindern ein besonderes Erlebnis. Es gibt einfache, aber ruhige Zimmer mit fliessend Kalt- und Warmwasser (Dusche und WC auf der Etage) zu vernünftigen Preisen. Besonders die abendliche Stille im Tal vergessen stressgeplagte Unterländer nicht so rasch – und kommen auch gerne wieder.

Weitere Informationen:
www.spinas-bever.ch
Tel. 081 852 54 92

Krönender Abschluss der Tour ist ein Besuch auf dem Dorfplatz von Scuol.

Zwischen Zernez und Lavin fahren wir auf einem ziemlich ebenem Feldweg parallel zum Inn.

Herzliche Feriengrüsse vom Schellenursli

Der romantische Dorfplatz von Scuol-Sot mit seinen trutzigen Engadinerhäusern, dem Dorfbrunnen und den gezackten Gipfeln der Engadiner Dolomiten kennt man von Kalenderbildern, die ein Stück heile Schweizer Welt vermitteln. Auch das Dorf Guarda, auf einem Sonnenbalkon über dem Inn, ist sehenswert. Es erhielt 1991 die Auszeichnung als «besterhaltenes Dorf Europas».

Guarda ist aber auch das Heimatdorf des «Schellenursli» – bekannt aus einem Engadiner Kinderbuch von Alois Carigiet. Es wurde in unzählige Sprachen übersetzt. Vielleicht erkennen wir einige Schauplätze aus dem Kinderbuch wieder? Sei es der idyllische Dorfbrunnen oder das schöne Engadiner Haus, wo Schellenursli gewohnt hat.

Schattenlose Steigung nach Guarda

Wir beginnen unsere Velotour in Zernez. Vom Bahnhof lenken wir unser Fahrrad durch den Ortskern und weiter in Richtung Norden. Kurz vor der Tankstelle biegen wir rechts ab und nehmen den asphaltierten Weg nach Gondas hinauf. Dort beginnt der Fahrweg, der ziemlich eben dem Inn entlang über Chasuot und Sandögna nach Susch führt. Die Kantonsstrasse benutzen wir nur kurz, um durch das Dorf zu fahren. Zurück auf die rechte Seite des Inns gelangen wir, nachdem wir den Fluss auf der alten Holzbrücke überquert haben. Weiter geht's an der Kirche vorbei, dann über den Karrenweg und durch den kühlen Wald flussabwärts. Kurz vor Lavin überqueren wir erneut den Inn und nehmen den

Auch einige Aufstiege wie zwischen Lavin und Guarda gehören ins Programm der Tour.

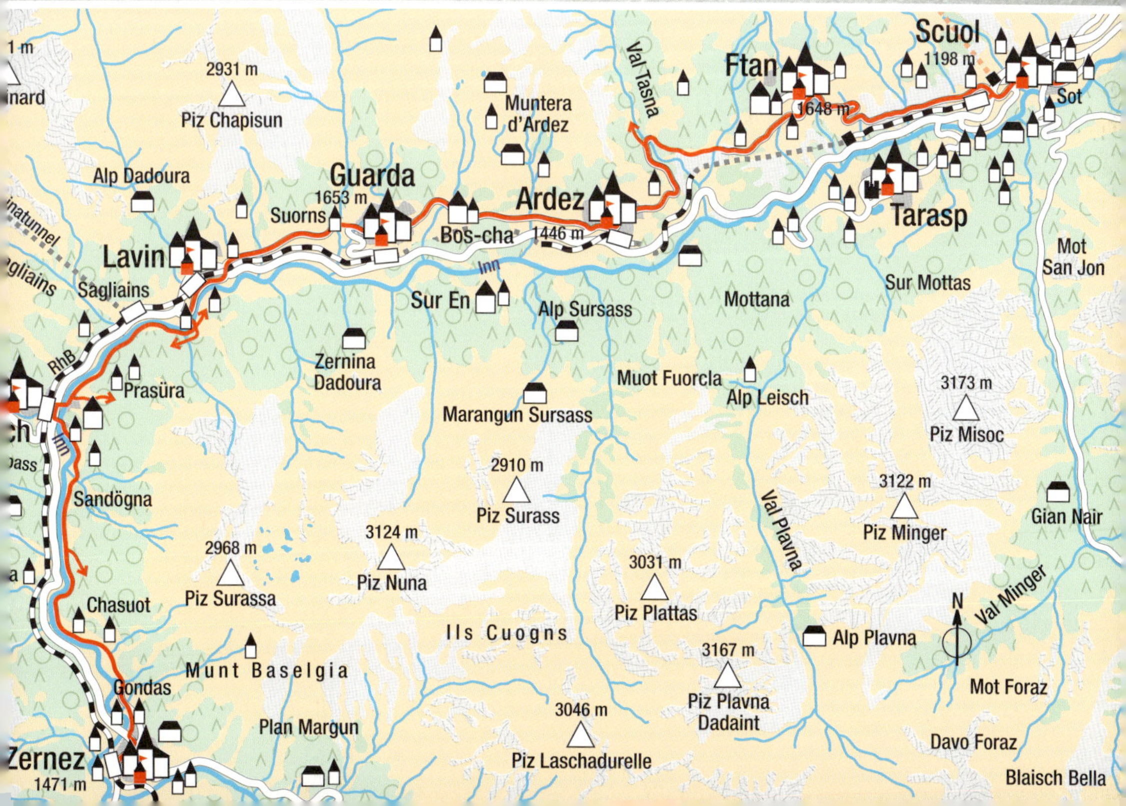

Der Dorfplatz von Guarda strahlt eine ländlich gepflegte Atmosphäre aus.

Informationen

Veloregion:
Unterengadin / Graubünden

Fahrzeit:
Die Radtour von Zernez nach Scuol dauert rund 3 h 30 min. Die Tour lässt sich in zwei Etappen mit Übernachtung in Guarda oder Ardez aufteilen.

Veloroute:
Nr. 6 «Graubünden-Route»

Velokarten:
Bike-Explorer «Unterengadin», Massstab 1:80 000, im Buchhandel oder bei www.bike-explorer.ch erhältlich

Schwierigkeitsgrad:
Mittelschwer – meist breite autofreie Feldwege und Schotterstrassen, jedoch einige giftige Steigungen, die untrainierte Radler zum Absteigen und Schieben zwingen.

Höhenmeter:
Zwei längere Steigungen stehen an, zwischen Lavin und Guarda geht's 241 m bergauf, nochmals 184 m Höhenunterschied liegen zwischen Ardez und Ftan.

Velosaison:
Die Velotour kann in der Regel schon ab Mitte Mai bis Ende Oktober unternommen werden.

Anreise ÖV:
Mit den SBB bis Landquart, weiter mit der Rhätischen Bahn (RhB) durch den Vereinatunnel und via Sagliains (umsteigen) nach Zernez

Anreise Auto:
Auf der A13 bis Ausfahrt Landquart. Weiter durchs Prättigau nach Klosters und Davos sowie über den Flüelapass nach Susch im Unterengadin, von wo aus es nicht mehr weit bis Zernez ist. Parkplätze beim Bahnhof und im Dorf.

Zurück zum Ausgangspunkt:
Mit der Rhätischen Bahn von Scuol nach Zernez

Velomiete:
Nur wenige Gehminuten vom Bahnhof Scuol können Bikes bei Engadin Adventure (Tel. 081 861 14 19) gemietet werden.

Attraktionen für Familien:
In Guarda können die Schauplätze aus dem Kinderbuch «Schellenursli» entdeckt werden. Besuch im Hallenbad «Bogn Engiadina Scuol».

Weitere Auskünfte:
Zernez Tourist Information
7530 Zernez
Tel. 081 856 13 00
www.zernez.ch

kleinen Aufstieg hinauf zum Dorfkern von Lavin auf 1412 m ü. M. Die Umfahrungsstrasse unterqueren wir und anschliessend gilt es kräftiger in die Pedale zu treten. Eine erste Steigung von insgesamt 241 Höhenmeter erwartet uns. Weil diese praktisch schattenlos entlang eines nach Süden hin exponierten Hanges führt, kommt wohl niemand ohne Schweisstropfen aus. Es sei denn, wir steigen ab und schieben das Rad.

Von Sonnenbalkon zu Sonnenbalkon

Auf 1653 m ü. M. in Guarda angekommen, lassen wir uns Zeit für eine Pause. Zu bewundern gibt es uralte, stattliche Engadiner Häuser, romantische Gässchen, plätschernde Dorfbrunnen, mit Geranien verzierte Fenster und typische Engadiner Erker. Ob wir der Versuchung wiederstehen können, eine Nacht in Guarda zu bleiben? Wir strampeln weiter Richtung Osten und geniessen die Fahrt auf einem Strässchen, das hoch über dem Inntal zum Weiler Bos-cha führt. Hier scheinen sich Fuchs und Hase Gute Nacht zu sagen. Es folgt eine rasante Abfahrt nach Ardez auf 1464 m ü. M., doch die Freude ist nur von kurzer Dauer. Die «verlorenen» Höhenmeter müssen wir hinter Guarda gleich wieder wett machen. Zunächst erwartet uns eine etwas giftige Steigung, die sich jedoch im Wald abschwächt. Unser Strässchen führt ein Stück ins Val Tasna hinein und anschliessend auf den nächsten Sonnenbalkon von Ftan (1648 m ü. M.). Hier bietet sich uns ein grandioses Panorama zu den Engadiner Dolomiten. Die steil aufragenden Felsentürme brauchen den Vergleich mit ihren Südtiroler Schwestern nicht zu scheuen. Hinunter nach Scuol gelangen wir über die Strasse, welche jedoch keinen Durchgangsverkehr aufweist. In Scuol brausen wir am Bahnhof vorbei zum sehenswerten Dorfkern Scuol-Sot. Am Ende müssen wir aber wieder 88 Höhenmeter zurück zum Bahnhof strampeln.

Wo übernachten?

Guarda oder Ardez?
Familien wollen es meist gemütlich – sie radeln nicht, mit starrem Blick auf die Strasse gerichtet, möglichst zügig von A nach B. Zumal das Unterengadin bei den meisten Ausflüglern nicht gerade vor der Haustür liegt, lohnt es sich un-

terwegs zu übernachten und die Tour in zwei Etappen aufzuteilen.
Die Frage stellt sich lediglich, ob wir lieber in Guarda oder in Ardez für eine Nacht bleiben? In Guarda stehen drei Hotels zur Verfügung (Hotel Piz Buin, Hotel Meisser Unique und Pension Val Tuoi). In Ardez begrüssen das Hotel Muntanella und das Hotel Alvetern gerne Gäste.
Der Entscheid fällt meist auf Guarda, weil dieses Dorf, mehrfach prämiert, zu den schönsten im Engadin zählt. Somit radeln wir zum Beispiel am Samstag in rund 2 h von Zernez nach Guarda und nehmen die erste Steigung zwischen Lavin und unserem Übernachtungsziel. Am nächsten Morgen pedalen wir, nach einer ruhigen Nacht in gesunder Bergluft, in 1 h 30 min weiter nach Osten, so dass die zweite Steigung kurz vor dem Ende der Tour völlig ihren Schrecken verliert. Besonders Kinder werden die Nacht in Guarda schätzen – und selbst die Eltern mögen sich an den Kinderbuchklassiker «Schellenursli» erinnern und beteiligen sich eifrig an der Suche nach den Schauplätzen.

Wo es Hauptstrassen gibt, fahren wir parallel dazu auf separaten Velowegen.

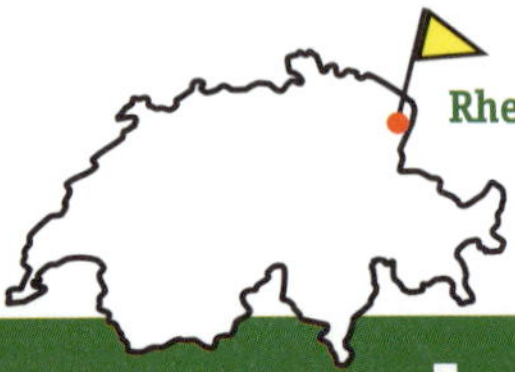

Ohne Steigungen durchs St. Galler Rheintal

Von der kleinsten Schweizer Stadt pedalen wir zum grössten Wald im St. Galler Rheintal. Dazwischen liegen viele Kilometer schnurgerade und ebene Wege in der Kornkammer der Region. Dabei lernen wir das Rheintal aus einer ganz anderen Perspektive kennen, als wenn wir mit 120 Sachen über die A13 brausen.

Skater und Radfahren mögen Buchs und die benachbarten Orte, denn hier gibt's für sie eine Vielzahl an markierten Wegen. Die Beschilderung ist teilweise sehr speziell, so dass man als Radler aufpassen muss, dass man nicht von der Route abkommt und plötzlich auf einem Skaterweg landet. Leider unterscheiden sich die Wegweiser in der Farbe nicht – beide sind rot.

Zur kleinsten Stadt der Schweiz

Wir beginnen unsere Radtour am Bahnhof von Buchs, am besten bringen wir unsere eigenen Velos mit, denn das Angebot an Mietbikes ist im Vergleich zu den zahlreichen Routen eher dürftig. Vom Bahnhof kurbeln wir die verkehrsberuhigte Bahnhofstrasse hinauf bis zur grossen Kreuzung an der Hauptstrasse. Zwar weist uns das rote Veloschild direkt auf diese Strasse, was für Familien mit Kindern keine gute Idee ist. Deshalb überqueren wir die Kreuzung und pedalen auf der Schulhausstrasse bis zur Kirche. Hier treffen wir auf jene, die ihr Auto im grossen Parkhaus des Migros-Markts abgestellt haben. Über weitere Schleichwege (Pfrundgutstrasse, Altendorferstrasse, Kirchgasse und Marktweg) erreichen wir relativ schadlos den Werdenberger

Lohnende Fahrtunterbrechung in Werdenberg – der kleinsten Schweizer Stadt

Mehrere Kilometer langer, schnurgerader Weg zwischen Gams und Frümsen

See mit der kleinsten Stadt der Schweiz. Die Burg, die über Werdenberg thront (Dienstag bis Sonntag geöffnet), wurde 1289 erstmals urkundlich erwähnt. Bald darauf erhielt die Siedlung das Markt- und Stadtrecht. Weil das Städtchen von keinen Kriegen oder Feuersbrünsten heimgesucht wurde, ist Werdenberg gleichzeitig die älteste Holzsiedlung mit städtischem Charakter.

Schattenlos über schnurgerade Wege

Bis zum nahegelegenen grossen Kreisel gehen wir am besten zu Fuss und gelangen über den Zebrastreifen sicher auf die andere Strassenseite. Dort finden wir einen Velostreifen. Nun bleibt uns nichts anderes übrig, als auf dem nächsten Kilometer der Strasse zu folgen. Die Hauptverkehrslast nimmt zwar beim Kreisel eine andere Route, dennoch brummen einige Autos und Lastwagen an uns vorbei.

Zum Glück hat alles ein Ende und wir sind froh über das Veloschild, das uns kurz vor Grabs rechts in eine Quartierstrasse weist. Für den Rest der Tour halten sich die Begegnungen mit den ungeliebten Blechvehikeln in Grenzen. Zunächst strampeln wir durch schöne Quartiere mit Einfamilienhäusern und Blumengärten. Hier lässt es sich gut leben! Anschliessend kommen wir auf einer schnurgeraden Strasse durchs Grabser Riet zügig voran. Leider ist praktisch die gesamte Tour im Rheintal schattenlos, so dass wir diesen Ausflug nicht gerade am heissesten Sommertag unternehmen sollten.
Unterhalb von Gams schwenken wir in den Veloweg parallel zur Hauptstrasse ein. Die Gamser beweisen mehr Herz für die Biker – deshalb trennten sie die Velofahrbahn durch einen Grasstreifen und eine Allee mit Bäumen von der Hauptstrasse. Diese queren wir alsbald und gelangen wieder auf einen endlos

In Grabs pedalen wir durch vornehme Quartiere mit modernen Villen.

Informationen

Veloregion:
Rheintal / St. Gallen

Fahrzeit:
1 h 30 min reine Fahrzeit für gemütliche Biker mit Kindern. Die langen, ebenen Strecken können etwas eintönig sein, weshalb zwischendurch Pausen an den zahlreichen Flüsschen empfehlenswert sind.

Veloroute:
Nr. 2 «Rhein-Route» zwischen Buchs und Frümsen, wo wir auf einen lokalen Veloweg bzw. auf den Wanderweg durch den Schlosswald abzweigen.

Velokarten:
Velokarte 7 «St. Gallen», Verlag Hallwag Kümmerly+Frey, Massstab 1:60 000

Schwierigkeitsgrad:
Leicht – breite Velowege, asphaltiert, auch mit Citybike möglich. Teils auch Autos auf den für Zubringerdienst freigegebenen Strassen. Im Schlosswald Naturwege.

Höhenmeter:
Ebener Veloweg ohne Steigungen

Velosaison:
Die Strecke kann das ganze Jahr befahren werden.

Anreise ÖV:
Mit dem Intercity oder InterRegio bis Sargans, weiter mit dem Regionalzug nach Buchs

Anreise Auto:
A13 Sargans – St. Margrethen bis Ausfahrt Buchs. Zentrale Parkmöglichkeiten im Migros-Markt.

Zurück zum Ausgangspunkt:
Am Bahnhof Salez-Sennwald hält kein Zug. Von Montag bis Samstag fährt jedoch halbstündlich ein Bus (am Sontag stündlich), mit welchem wir zurück nach Buchs gelangen. Velos werden mitgenommen, sofern die Platzverhältnisse es zulassen.

Velomiete:
Beat-Sport in Buchs vermietet Mountainbikes – keine Kindergrössen, Tel. 081 756 70 50. Nächster SBB-Bahnhof mit Mietvelos ist Sargans.

Attraktionen für Familien:
In Salez gibt's an der Frümserstrasse, kurz vor unserem Ziel, ein nettes, kleines Freibad. Die Ruine Forstegg im Schlosswald ist in Privatbesitz und angeblich wegen Einsturzgefahr gesperrt.

Weitere Auskünfte:
Tourist Info Werdenberg
Bahnhofplatz 2, 9471 Buchs
Tel. 081 740 05 40
www.werdenberg.ch

langen Weg, der übers Saxer Riet nach Frümsen führt. Hier gilt ein Motorfahrzeugverbot, Zubringerfahrten sind jedoch gestattet.

Burgruine oder Freibad?

Im Dorfzentrum von Frümsen zweigen wir bei der nächsten Querstrasse rechts ab und verlassen die nationale Veloroute. Wir können nun über Büsmig ein Stück auf dem Skaterweg und später über den Wanderweg durch den Schlosswald zur Burgruine Forstegg fahren. Der Schlosswald ist das einzige grössere Waldareal im St. Galler Rheintal, das früher nicht der Rodungswut zum Opfer fiel. Fast besser wäre die Fahrt auf dem separaten Velostreifen der Frümserstrasse. Hier kommen wir nämlich an einem hübsch gelegenen Freibad vorbei. Die Veloschilder dirigieren uns anschliessend zum Bahnhof Salez-Sennwald, wo uns nicht der Zug, sondern der Bus zurück nach Buchs bringt.

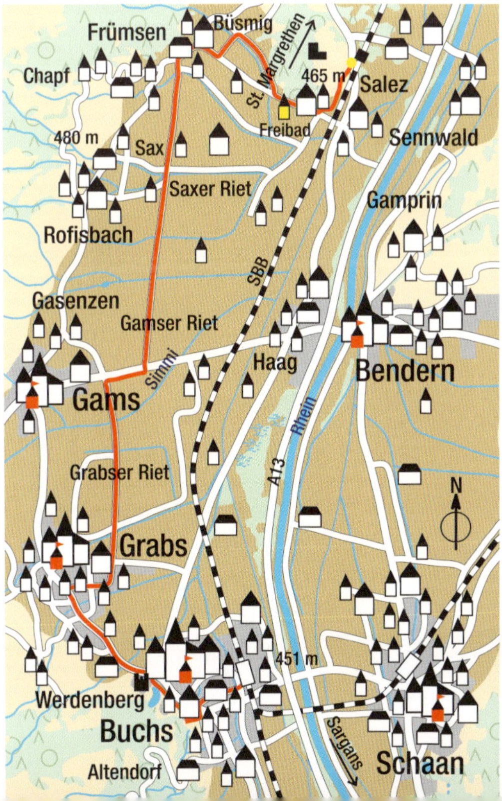

Auf der Fahrt durchs Grabser Riet kommen wir ohne Steigungen aus.

Ein Höhepunkt zu Beginn der Tour: das Städtchen Werdenberg

Obstplantagen, Ackerbau, Viehwirtschaft – in der Region dominieren die Bauern.

Von Zwingli, Coolcamps und süssen Bratkanichen

Bei Chüeboden führt dieser Feldweg ein kurzes Stück entlang der Säntisthur zu einer idyllisch gelegenen Ruhebank am Wasser.

In den Bergen geht's bekanntlich nicht immer geradeaus und bergab. Bergauffahren ist für einige Familien zwar anstrengend, dafür lohnt es sich doppelt: Erstens tun wir etwas für unsere Fitness und bringen den Kreislauf in Schwung, zweitens verlassen wir ausgetretene Pfade und geniessen die Abgeschiedenheit in einem stillen Bergtal.

Mit Rollstuhl und Mountainbike

Wildhaus, Unterwasser und Alt St. Johann im Obertoggenburg sind aktive Feriendörfer, in welchen nicht nur Familien auf ihre Kosten kommen. Die drei Orte haben auch die Nase vorn, wenn es um Ferien für alle geht. Besonderer Wert wird auf ein Tourismus- und Freizeitangebot für Menschen mit einer Behinderung gelegt. Viele Wege sind rollstuhlgängig und so kann es durchaus vorkommen, dass wir unterwegs auch auf Rollstuhlfahrer treffen, welche wir besonders rücksichtsvoll überholen oder kreuzen und dabei auch das Tempo reduzieren.

Die Orientierung nicht verlieren – oder: Wann kommt endlich der See? Der Blick in die Karte ist auf dieser Tour hilfreich.

Eine Besonderheit im Toggenburg sind die vielen frei stehenden Bauernhöfe (Seite 123, links). Die kuschligen Kaninchen (Seite 123, rechts) landen leider bald im Kochtopf, wie ein Verkaufsschild am Bauernhof verrät.

Velofahren und Mountainbiken stehen ebenfalls hoch im Kurs in der Ferienregion zwischen den sieben Churfirsten und dem Säntis. 19 Mountainbike-Routen werden im Toggenburg angeboten, einige davon sind gut beschildert, andere werden schilderlos mit einem GPS-Gerät befahren. Das Unternehmen «Bikewelt Toggenburg» bietet dazu ein Rahmenprogramm, Technikkurse, Camps, Events, Tourguides und vieles mehr.

Lebensretter für Kaninchen?

Wir beginnen unsere Biketour am Geburtsort von Ulrich Zwingli (1484–1531), dem Zürcher Reformator und Begründer der Reformierten Kirche. Er wurde am 1. Januar im Ortsteil Lisighaus bei Wildhaus geboren und verliess bereits mit sechs Jahren sein Heimatdorf – lebte zunächst in Weesen bei seinem Onkel, später besuchte er in Basel und Bern die Lateinschule. Als Fünfzehnjähriger begann er sein Studium an der Universität in Wien. Gleich zu Beginn unserer Tour treten wir kräftig in die Pedale und meistern die kleine Steigung, vorbei am Reka-Ferienzentrum Wildhaus, ohne all zu viel Schweisstropfen zu vergiessen. Im Moos, wo sich ein Ferienchalet ans andere reiht, können wir mit dem Pedalen aufhören und die Abfahrt hinunter nach Chüeboden geniessen. Dabei kommen wir auch am Bauernhof der Familie Schäfer vorbei. Kinder verlieben sich sofort in die Freiland-Kaninchen, die direkt am Weg neugierig die Ohren hochstellen. Gleich daneben prangt ein Schild, dass die niedlichen Tiere aus artgerechter, ganzjähriger Freilandhaltung stammen und das Kilo 25 Franken kosten – lieferbar ab Mitte September, ordentlich

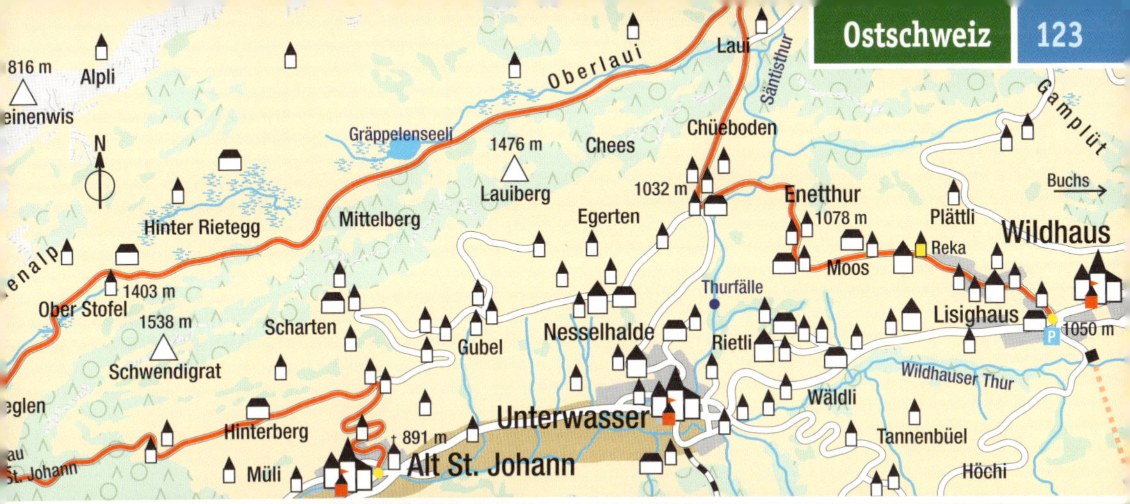

Informationen

Veloregion:
Toggenburg / St. Gallen

Fahrzeit:
Wer zwischendurch auch mal absteigt und schiebt, benötigt für diese Tour etwas mehr als zwei Stunden.

Veloroute:
Teilweise auf der lokalen Veloroute Nr. 33 «Hörnli-Bike»

Velokarten:
Velokarte 7 «St. Gallen», Verlag Hallwag Kümmerly+Frey, Massstab 1:60 000

Schwierigkeitsgrad:
Anspruchsvoll – nur für Familien mit guter Kondition. Strenger Aufstieg bis zum Gräppelenseeli. Dafür radeln wir auf autofreien und asphaltierten Alpstrassen. Nach der Mühe der Lohn: Leider dauert die Abfahrt bis Alt St. Johann nur 20 Minuten.

Höhenmeter:
Kurzer Aufstieg von 67 Höhenmeter zwischen Wildhaus und Moos, ab Chüeboden steigen wir bis Ober Stofel 368 m auf – bis Oberlaui ist der Weg recht steil.

Velosaison:
Unsere Velotour können wir von Mitte Mai bis Ende Oktober unternehmen.

Anreise ÖV:
Mit dem Voralpen-Express bis Wattwil, weiter mit der S9 bis Nesslau-Neu St. Johann. Mit dem Postauto (Voranmeldung: Tel. 071 375 68 91) bis Wildhaus-Lisighaus.

Anreise Auto:
Von Rapperswil via Ricken, von St. Gallen via Wasserfluh nach Wattwil, weiter auf der Kantons- und Schnellstrasse bis Wildhaus. Parkmöglichkeiten gegenüber der Post Lisighaus.

Zurück zum Ausgangspunkt:
Das Postauto bringt uns von Alt St. Johann zurück nach Lisighaus.

Velomiete:
Bei Velo-Metzg in Unterwasser können Mountainbikes gemietet werden (Tel. 071 999 94 90).

Attraktionen für Familien:
In den Sommer- und Herbstferien finden in der Region Toggenburg für Kinder die «Coolcamps» statt, dabei kann man auch heisse Tricks auf dem Bike erlernen.
Spannend wäre zum Abschluss der Tour noch ein Besuch im Skaterpark von Nesslau-Neu St. Johann.

Weitere Auskünfte:
Toggenburg Tourismus
Lisighaus, 9658 Wildhaus
Tel. 071 999 99 11
www.toggenburg.org

Zwischenziel erreicht! Das Gräppelenseeli liegt aber noch nicht am höchsten Punkt unserer Tour.

zerlegt und vakuumverpackt. Was für die Bergbevölkerung selbstverständlich klingt, verstehen viele Stadtkinder nicht. Wie kann man diese lieben und kuschligen Tiere bloss schlachten und essen? Wir fahren rasch weiter, bevor die Kinder das Schild sehen. Sonst müssen wir womöglich noch zurückkehren und einem Kaninchen das Leben retten. Ob es auch als Haustier zu erwerben ist?

Fertig lustig an der Säntisthur

Wir fahren bis zur Kreuzung bei Chüeboden. Hier befindet sich offenbar auch eine Haltestelle der Rösslipost. Ob wir einer Kutsche begegnen werden? Wir kurbeln leicht bergauf in den hinteren Talboden der Säntisthur. Bei der Weggabelung ist es vorbei mit lustig. Eine giftige Steigung erwartet uns und nur sportliche Mountainbiker bleiben hier länger als 50 Meter im Sattel. Alle anderen steigen ab und schieben. Den Eltern kann es durchaus blühen, dass sie auch das Rad ihrer Sprösslinge schieben müssen, denn es geht ordentlich steil bergauf. Zum Glück hält der Spuk nicht lange an: eine Spitzkehre und ein steiles Stück am Fuss des Silberplattenhorns und nach ungefähr 20 Minuten haben wir das Hochtal von Oberlaui erreicht. Hier ist die Kraxlerei keinesfalls vorbei. Aber man kann sich wenigstens wieder auf den Sattel schwingen und die nächsten Höhenmeter oh-

ne sonderliche Anstrengung nehmen. Mehr oder weniger ausser Atem erreichen wir das Gräppelenseeli auf 1307 m ü. M., wo eine idyllisch gelegene Feuerstelle direkt am Ufer zum Bräteln einlädt. Uns bleibt also genügend Zeit, um neue Kräfte zu sammeln. Nach der Pause geht's nochmals 93 m bergauf, bis wir endlich auf dem Sattel von Ober Stofel (1403 m ü. M.) den höchsten Punkt unserer Tour erreicht haben.
Von hier aus brausen wir nur noch bergab. Wir umrunden zunächst den Schwendigrat, erreichen den Hinterberg, von wo aus eine Schussfahrt mit vier Spitzkehren hinunter nach Alt St. Johann führt. Hinter der Post können wir uns im Dorflädeli ein Eis kaufen und so die Wartezeit aufs Postauto versüssen.

Mitte: Auf einem serpentinenreichen Sträschen fahren wir nach Alt St. Johann hinunter. Unten: Idyllischer kann die Schweiz kaum sein – Weidezaun bei Moos, Wildhaus.

Unsere FAMILY-Tipp

Bikewelt Toggenburg
Um den Bike-Nachwuchs braucht man sich zur Zeit keine Sorgen zu machen, denn die Aktivitäten sind grenzenlos. Egal ob Boy oder Girl: Wer will eine Treppe runterfahren ohne eine Miene zu verziehen oder auf dem Hinterrad sliden? Im Obertoggenburg gibt's jetzt ein Bike-Camp für Kinder ab acht Jahren. Es findet jeweils am Donnerstag und Freitag während den Sommer- und Herbstferien statt. Das Coolcamp dauert zwei Tage und kostet 90 Franken (2008), übernachtet wird bei den Eltern im Hotel oder in der Ferienwohnung, die Anmeldung erfolgt über Toggenburg Tourismus (Tel. 071 999 99 11), die Camps werden von fachkundigen Leitern der «Bikewelt Toggenburg» durchgeführt.
Das Unternehmen hält aber auch Angebote für sportliche und interessierte Eltern bereit, zum Beispiel einen Fahrtechnik- oder einen Reparatur-Kurs. Wir können uns aber auch einem Tourenguide anschliessen, die in unterschiedlichen Levels durch die schönsten Singletrails der Region führen. Wie wär's mit einem Ritt über den Übungsparcours, den Geschicklichkeitsparcours oder den Bikepark? Letzterer soll schon bald zwischen Iltios und Unterwasser entstehen und vor allem Downhillfans gerecht werden.

Weitere Informationen:
www.bikewelttoggenburg.ch
Tel. & Fax 071 997 01 67

Dieses prächtige, blumengeschmückte Toggenburger Haus befindet sich direkt am Radweg in Brandholz.

Da werden sich Kinder freuen: Eine Spielburg, nur für sie, kurz vor dem Ziel in Wattwil.

Im Toggenburg in die Röhre geblickt?

Kennen Sie Sichtröhren? Ebnat-Kappel im Toggenburg hat sich etwas Kreatives einfallen lassen. 40 Sichtrohre laden dazu ein, die Region neu zu entdecken. Der Blick durch die Röhre offenbart so manches, an dem man sonst achtlos vorbeigehen würde. Einige Posten des Röhrenweges liegen entlang unserer Toggenburger Veloroute.

Die genauen Standorte der 40 Sichtröhren werden auf der Erlebniskarte verraten, die im Verkehrsbüro von Ebnat-Kappel erhältlich ist. Sie kann aber auch im Internet unter www.tourismus-ebnat-kappel.ch heruntergeladen werden.
Wer am Bahnhof von Nesslau-Neu St. Johann ankommt, sieht sich einem ganzen Wald von Wanderwegweisern und Velotourenschildern gegenübergestellt. Da gibt's für Biker die Obstgarten-Route, das Toggi-Bike, die Schwägalp-Route und die Thur-Route. Wir entscheiden uns für die Strecke entlang der Thur, zumal diese über familienfreundliche Strässchen abseits der Motorfahrzeugströme führt.

Über den Zebrastreifen in die Bühlerstrasse

Leider ist der Auftakt zu unserer Tour ganz und gar nicht familienfreundlich. Vom Bahnhof weist das Schild direkt auf die Hauptstrasse – wieder einmal Kopfschütteln, dass die Verantwortlichen keine bessere Lösung gefunden haben. Dabei geht's lediglich um wenige hundert Meter. So manche Familie kommt sicher in die Versuchung, die Kinder auf dem Trottoir

Ländliche Idylle im Büel kurz nach St. Johann – wie vor hundert Jahren ist auch eine Kutsche unterwegs.

ı Toggenburg gibt's noch echte, chstämmige Apfelbäume. Die ro- ı Punkte der reifen Früchte sind f dem Bild gut zu erkennen.

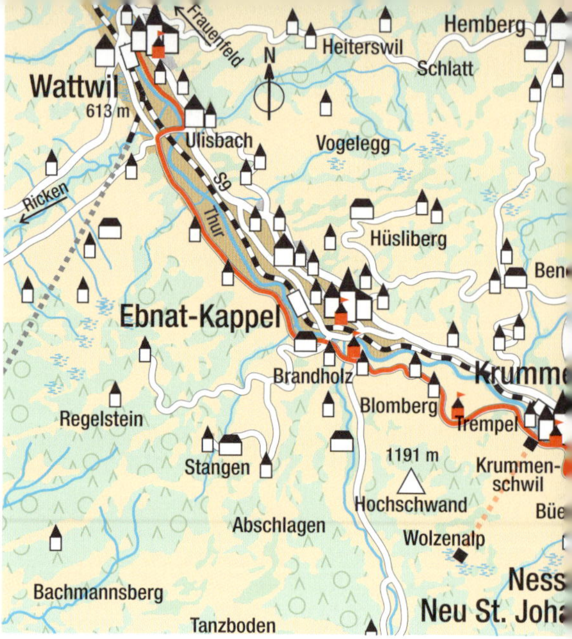

fahren zu lassen. Kurz nach der Abzweigung der Schwägalp-Passstrasse, sehen wir links das Veloschild, das in die Bühlerstrasse weist. Wer mit kleinen Kindern nicht zum Linksabzweigen einspuren will, benutzt den Zebrastreifen für Fussgänger. Zum Glück haben wir damit den Verkehrsstress hinter uns, denn bis zu unserem Ziel in Wattwil fahren wir nun ausschliesslich auf verkehrsarmen oder sogar autofreien Nebensträsschen.

Ein Abstecher auf die Wolzenalp?

Die Route ist durchgehend hervorragend signalisiert, so dass sich die Mitnahme einer Karte erübrigt. Nach einem kleinen Aufstieg fahren wir über schmucke Toggenburger Weiler wie Krummenschwil, Trempel und Brandholz immer in Richtung Nordwesten. Meist geht's in angenehmen Tempo bergab, so dass wir nur selten in die Pedale treten müssen. Die hügelige Landschaft mit ihren blumengeschmückten Toggenburger Holzhäusern ist eine richtige Wohlfühloase. Bei Krummenau fahren wir an der Talstation der Wolzen-Sportbahnen vorbei. Schon mal was davon gehört? Unterstützen wir doch auch kleine regionale Unternehmen und fahren mit der Sesselbahn zur Wolzenalp und zurück. Die Sportbahnen sind während den Sommer- und Herbstferien täglich in Betrieb, ansonsten nur am Wochenende. Nach Ebnat-Kappel geht's auf praktisch ebenem Strässchen bis Ulisbach, wo wir die Thur und die Bahnlinie überqueren. Der Velowegweiser dirigiert uns in einen schmalen, autofreien Radweg entlang der Tour, diesem bleiben wir bis kurz vor dem Bahnhof Wattwil treu.

Was es wohl in der fest installierten Sichtröhre am Strassenrand zu entdecken gibt?

Die Wäsche trocknet bei so manchem Hof wie anno dazumal an der langen Leine.

Der Chalet-Bauboom in den Sechzigerjahren hat auch dieses Anwesen bei Krummenau hervorgebracht.

Informationen

Veloregion:
Toggenburg / St. Gallen

Fahrzeit:
Wenn wir mit Kindern unterwegs sind, benötigen wir für die Strecke rund 1 h 30 min. Bei dieser Fahrzeit sind auch kurze Pausen eingerechnet.

Veloroute:
Nr. 95 «Thur-Route», ein lokaler Veloweg, bestens signalisiert

Velokarten:
Velokarte 7 «St. Gallen», Verlag Hallwag Kümmerly+Frey, Massstab 1:60 000

Schwierigkeitsgrad:
Leicht – breite Velowege, durchgehend asphaltiert, auch mit Citybike möglich. Geringer Motorfahrzeugverkehr, teils nur für den Zubringerdienst freigebenen.

Höhenmeter:
Kurzer, kaum nennenswerter Aufstieg bei Büel (20 m bergauf), sonst meist geradeaus oder leicht bergab

Velosaison:
Die Strecke kann von Anfang April bis November befahren werden, wenn sie schnee- und eisfrei ist.

Anreise ÖV:
Mit dem Voralpen-Express auf der Strecke Luzern – St. Gallen bis Wattwil, weiter mit der S9 bis zur Endstation Nesslau-Neu St. Johann

Anreise Auto:
Von Rapperswil via Ricken, von St. Gallen via Wasserfluh nach Wattwil, weiter auf der Kantons- und Schnellstrasse bis Neu St. Johann. Parkmöglichkeiten beim Bahnhof.

Zurück zum Ausgangspunkt:
Mit der S9 der Südostbahn fahren wir von Wattwil zurück nach Nesslau-Neu St. Johann.

Velomiete:
Bei Velo-Speer in Wattwil können Mountainbikes gemietet werden (Tel. 071 988 75 85).

Attraktionen für Familien:
Einige Posten des Röhrenwegs mit installierten Sichtröhren liegen an der Veloroute. Zwischen Ulisbach und Wattwil fahren wir direkt am Freibad vorbei. Kurz vor dem Bahnhof gibt's für kleinere Kinder ein Erlebnis-Spielplatz mit stattlicher Ritterburg.

Weitere Auskünfte:
Verkehrsverein Ebnat-Kappel
Verkehrsbüro am Bahnhof
Ebnaterstrasse 4, 9642 Ebnat-Kappel
Tel. 071 993 29 11
www.tourismus-ebnat-kappel.ch

Bilderbuchlandschaft im schönen Appenzellerland

Schrunde, Buckel und Kerben gehören zu den topografischen Eigenheiten des hügeligen Appenzellerlandes und des benachbarten Toggenburgs. Weil es meistens nur kurz bergauf geht, ist diese Bilderbuchlandschaft auch bei Radfahrern sehr beliebt. Diverse Routen führen von Hügel zu Hügel. Wir pedalen von Urnäsch nach Brunnadern am Necker.

Im Appenzellerland gibt es kaum einen Landstrich, der nur der Natur überlassen wurde. An jedem Hang, auf jedem Hügel und in allen Tälern entdecken wir abgelegene Bauernhöfe, so genannte «Hämetli», wie die Appenzeller in ihrer kernigen Mundart sagen.

Tankstelle für durstige Kehlen

Vom Bahnhof Urnäsch bis zum Dorfplatz mit seiner bunten Häuserzeile sind es keine 200 Meter. Hier drängt sich schon ein erster Zwischenstopp auf; sei es für einen Besuch in einem der drei Gasthäuser oder im Brauchtummuseum. Natürlich ist auch ein Erinnerungsfoto Pflicht. Eine kleine Stärkung können wir gut vertragen, denn wieder auf dem Tretesel zweigen wir beim Hotel Scheidweg in

Auf der Passhöhe von Osterbüel (grosses Bild) haben wir einen Höhenunterschied von 236 Meter bezwungen. Die Abfahrt führt hinunter zum Kloster von St. Peterzell (kleines Bild).

die Schönaustrasse ab, welche unmissverständlich bergauf weist. Gute Muskeln in den Oberschenkeln und Waden sind ein Vorteil, um die nächsten paar Kilometer und Höhenmeter mit Schwung zu nehmen. Wer diese nicht vorweisen kann, kämpft und keucht sich nach oben und erinnert sich daran, dass er vielleicht etwas mehr Bewegung braucht, um etwas für die Gesundheit zu tun. Wie auch immer: Beim Osterbüelhof haben wir den Pass geschafft, der eigentlich gar kein richtiger Pass ist. Jedenfalls fehlt ein entsprechendes Schild. Das Berggasthaus Hochkamm befindet sich nur wenige Meter über der Passhöhe und bietet sich als Tankstelle für durstige Kehlen an.

Genussstrecke nach St. Peterzell

Sicher ist es ganz gut, wenn wir auf der Passhöhe eine kurze Verschnaufpause einplanen, damit wir die lange Abfahrt nach St. Peterzell besser geniessen können. Leider gibt's weit und breit kein offizieller Picknickplatz. So setzen wir uns eben auf die Wiese am Strassenrand. Die rund sieben Kilometer lange Abfahrt ist eine Genussstrecke – es gibt kein Grund diese mit hohem Tempo und so schnell wie möglich zurückzulegen. Wer langsam fährt und das Velo rollen lässt, kann auch mal ein Blick auf die schöne Landschaft mit ihren sanften Hügelzügen werfen. Kurz vor dem Weiler Halden haben wir unbemerkt die Grenze zwischen den Kantonen Appenzell und St. Gallen überquert. Bei der Kreuzung in Bächli müssen wir aufpassen: Wir biegen nicht scharf nach links ab, wie es das Schild der nationalen Veloroute Nr. 4 vorschlägt, sondern fahren geradeaus weiter. Nochmals lassen wir es rollen und treffen nach wenigen Fahrminuten in St. Peterzell ein.

Im September wird in Appenzell das Vieh von den höher gelegenen Alpen getrieben. Voran geht der Geissenbub, so will es die Tradition.

Türmlihaus an der Furth

Unser Strässchen mündet oberhalb des Klosters in die Hauptstrasse Rapperswil – St. Gallen. Die ehemalige Propstei wird heute von zwei Schwestern als «Haus der Stille» geführt. Wer zu sich selber finden möchte oder eine Auszeit benötigt, wird jederzeit herzlich aufgenommen. Beim Landgasthof Schäfle verlassen wir die Hauptstrasse wieder und überqueren den Necker. Gleich danach zweigt der Velo- und Wanderweg rechts ab und folgt dem Ufer. Mountainbiker fahren über den schmalen Weg zum Hof Farnboden und wieder hinunter nach Furth. Wer auf einem gewöhnlichen Velo sitzt, bevorzugt die offizielle Route, die teilweise auf einem Velostreifen entlang der Hauptstrasse bis Furth führt. Als es noch keine Brücken gab, trieben hier die Fuhrleute ihre Pferde und Wagen über den Necker. An beiden Ufern konnten die Reisenden in Gasthäuser einkehren, was für die Wirte ein Geldsegen bedeutete. Das Türmlihaus von 1614 zeugt noch heute vom einstigen Reichtum. Wir fahren nun auf dem Feldweg über Siggetschwil nach Brunnadern und überqueren dort die erste Holzbrücke über den Necker, die im Jahr 1784 erbaut wurde. Bis zum Bahnhof Brunnadern-Neckertal ist es von hier aus nicht mehr weit.

Dieses typische Appenzeller Bauernhaus steht bei Schönau – der nächste Weiler liegt bereits auf St. Gallischem Kantonsgebiet.

Informationen

Veloregion:
Im Quellgebiet des Necker / Appenzell und St. Gallen

Fahrzeit:
Wer mit 2 h 30 min Fahrzeit rechnet, kann es gemütlich nehmen und zwischendruch auch mal Pause machen.

Veloroute:
Ein Teilstück zwischen Urnäsch und Bächli liegt an der «Alpen-Panorama-Route» Nr. 4.

Velokarten:
Velokarte 7 «St. Gallen», Verlag Hallwag Kümmerly+Frey, Massstab 1:60 000

Schwierigkeitsgrad:
Mittelschwer – die Passstrasse zwischen Urnäsch und St. Peterzell wird nicht oft befahren, weil sie nur wenige kennen. Bis St. Peterzell sind die Strassen asphaltiert. Danach fahren wir auf geschotterten Wander- und Feldwegen.

Höhenmeter:
236 Meter Aufstieg von Urnäsch zur Passhöhe bei Osterbüel. Auf der restlichen Strecke geht's meist bergab oder geradeaus.

Velosaison:
Die Route kann von Mitte April bis Mitte November befahren werden, wenn kein Schnee oder Eis auf der Strasse liegt.

Anreise ÖV:
Mit dem Intercity nach Gossau, wo wir in die Appenzeller Bahnen (AB) umsteigen. Der kleine rote Zug bringt uns nach Urnäsch.

Anreise Auto:
Von Rapperswil via Ricken und Wasserfluh nach Waldstadt, wo wir nach Urnäsch abzweigen. Wenig Parkplätze in Urnäsch.

Zurück zum Ausgangspunkt:
Vom Bahnhof Brunnadern-Neckertal mit dem Bus nach Herisau und mit den Appenzeller Bahnen nach Urnäsch.

Velomiete:
Nicht ideal – die nächsten Vermietbahnhöfe befinden sich in Rapperswil und St. Gallen.

Attraktionen für Familien:
In Urnäsch gibt es ein neues Reka-Ferienzentrum, wo viele spannende Erlebnisse für Familien mit Kindern geboten werden.

Weitere Auskünfte:
Urnäsch Tourismus
Postfach, 9107 Urnäsch
Tel. 071 364 26 40
www.urnaesch-tourismus.ch

Der Aufstieg zur kleinen Passhöhe (1068 m ü. M.) ist nicht anstrengend, fast alle Radler meistern diese Strecke im Sattel.

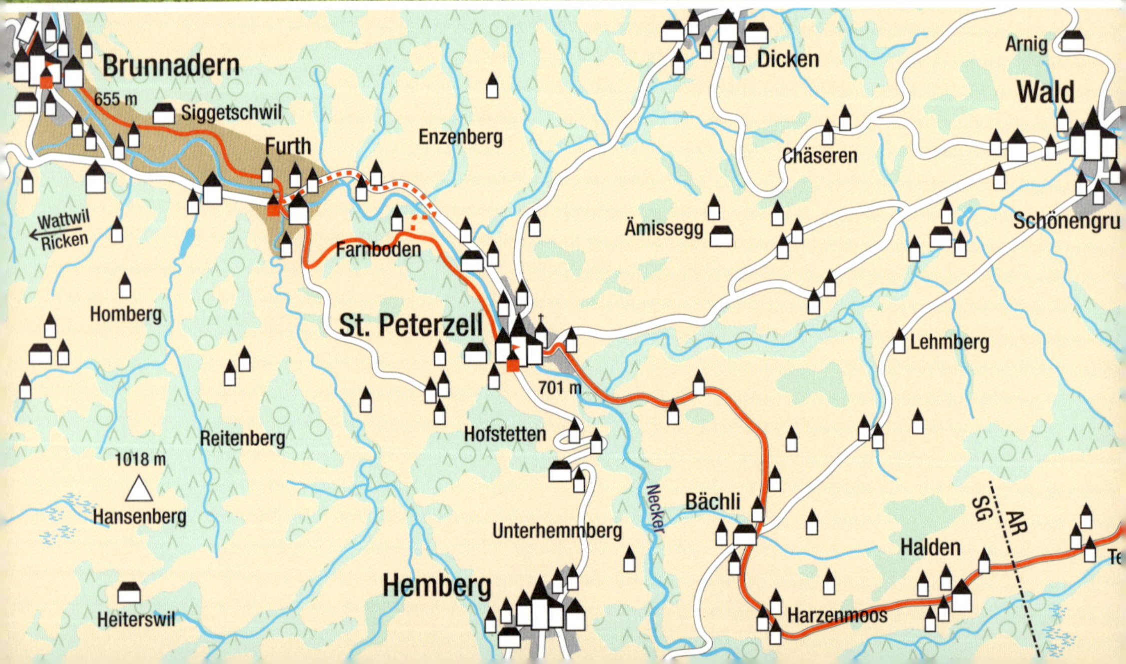

Kultur-Tipp

Urnäsch und seine Appenzeller Bräuche

Der Dorfplatz in Urnäsch mit seiner geschlossenen Häuserzeile zählt zu den eindrücklichsten Schmuckstücken in der Ostschweiz. Die mit Geranien verzierten, farbigen Fassaden kennt man von Postkarten und Kalenderbildern. Eines dieser Häuser beherbergt das Appenzeller Brauchtummuseum, es bietet Einblick in die bäuerliche Kultur des Appenzellerlandes und stellt das damit eng verbundene Handwerk vor. Im Museum erfahren wir mehr über die «Silvesterchläuse», dieser Volksbrauch hat Urnäsch in der ganzen Schweiz bekannt gemacht. Am 13. Januar, dem so genannten «alten Silvester» ziehen maskierte Gestalten von Hof zu Hof und wünschen den Bewohnern ein gutes, neues Jahr. Man unterschei-

det drei Arten von Chläusen: die «Schöne», die «Wüeschte» und die Wald- oder Naturchläuse. Das Chlausen gilt im Appenzellischen als ausgesprochener Männerbrauch. Im Brauchtummuseum lernen wir aber auch den Bloch, die Alpstobete und die Alpabfahrt kennen. Man kann auch selber einmal Hand anlegen, zum Beispiel beim Talerschwingen, Hackbrettle oder mit der Schelleschötte. Was das genau ist, erfahren wir bei einem Museumsbesuch (täglich geöffnet vom 1. April bis 1. November von 13.30 bis 17.00 Uhr).

Weitere Informationen:
www.museum-urnaesch.ch
Tel. 071 364 23 22

Rückfahrt mit dem Schiff von Betlis nach Mühlehorn

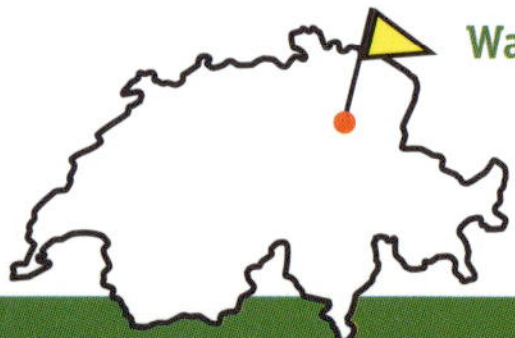

Sauberes Wasser, gewaltige Bergkulisse

Ausländische Touristen verwechseln den Walensee oft mit einem riesigen Strom oder einem norwegischen Fjord. Der langgezogene Gebirgssee, der von einer steil aufragenden und gewaltigen Bergkulisse umrahmt wird, ist in der Tat für schweizerische Verhältnisse aussergewöhnlich. Auch Badegäste schätzen den Walensee, denn das Wasser ist so sauber wie in kaum einem anderen Schweizer See.

Das kleine St. Galler Dorf Murg liegt auf einem Flussdelta am Ufer des Walensees. In jahrhundertelanger Arbeit hat der Murgbach unermüdlich Geschiebe aus

Bei 25 % Gefälle bleiben nur verwegene Biker im Sattel.

Parallel zur Brücke für Wanderer und Velofahrer quert auch der SBB-Doppelstöcker auf einem imposanten Viadukt die Linth.

den Glarner Alpen in den See verfrachtet und dabei das Delta aufgeschüttet.

Veloweg entlang einer Klippe

Wir beginnen unsere Velotour am Bahnhof von Murg und pedalen zunächst durchs stille Dorf, wo noch jeder jeden zu kennen scheint. Schon nach wenigen Häusern entdecken wir ein rotes Veloschild, das uns hinunter ans Ufer des Walensees und zur Schifflände weist. Das kleine Walenseeschiff «Alvier», das 1990 in der eigenen Werft der Schifffahrtsgesellschaft gebaut wurde, verkehrt zwischen Murg, Au und Quinten.

Wir nehmen eine kleine Steigung, die durch einen bunten und gepflegten Garten führt und geniessen gleich danach die Fahrt entlang der Felsen. Der Weg, gut mit Geländern gesichert, schlängelt sich entlang einer spektakulären Klippe. Völlig mühelos pedalen wir weiter nach Teufwinkel, wo wir unter der Bahn hindurch auf die anderen Seite der Gleise wechseln. In Mühlehorn erreichen wir die Dorfstrasse, wo auch wenige Autos unterwegs sind, danach geben wir unserem Stollengaul wieder die Sporen und fahren auf einem geschotterten Weglein weiter westwärts. Es handelt sich dabei um das ehemalige Trassee der Bahn. Seit 1899 verschwindet der Zug in Mühlehorn in dem 3955 Meter langen Kerenzerbergtunnel. Statt dem SBB-Gleis haben wir nun die Autobahn als Begleiter. Hier steigt der Weg mehrmals steil an, die An-

Zwischen Murg und Teufwinkel wurde ein spektakulärer Veloweg angelegt, der sich oberhalb des Wasser an die Felsen schmiegt.

strengung ist nur von kurzer Dauer und es winkt eine steile Abfahrt. An einer besonders abschüssigen Stelle rät ein Schild zum Absteigen und Schieben des Velos. Auch einen ehemaligen Bahntunnel durchqueren wir. Zwar ist der Tunnel beleuchtet, zur Sicherheit sollten wir jedoch ein Velolicht mit auf die Tour nehmen. Hoch über unseren Köpfen thront der für uns unsichtbare Ferienort Filzbach. Der 300 Meter bis zum Ufer des Walensees steil abfallende Wald ist unzugänglich. Bei Süstli erreichen wir die Linthebene, wo sich das Landschaftsbild ändert.

Abenteuerlich den Felsen entlang

Die Linth ist rasch überquert und wir werfen einen Blick zurück auf das Westportal des Kerenzerberg-Bahntunnels. Wir radeln auf dem Kiesweg weiter zum Campingplatz und an-

schliessend durch ein Naturschutzgebiet nach Weesen. Hier werden wir ein kurzes Stück gezwungen, auf der Hauptstrasse durchs Dorf zu pedalen. Einige Velofahrer benützen verbotenerweise den Spazierweg an der Linth. Das letzte Teilstück führt über ein abenteuerliches Strässchen den Felsen entlang und durch einen weiteren Tunnel nach Betlis. Kurz vor Strahlegg zweigen wir rechts ab und gelangen zur Schifflände. Mit dem Kursschiff überqueren wir den See und erreichen Mühlehorn. Hier steigen wir in den Zug oder wir pedalen zurück nach Murg, wenn dort unser Auto steht.

Seite 138: Die Fahrt von Murg über Weesen nach Betlis bietet verschiedene Höhepunkte: farbenfrohe Gärten, dunkle Tunnels, das Altstättchen von Weesen oder ein aussichtsreicher Panoramaweg hoch über dem Walensee.

Informationen

Veloregion:
Walensee / St. Gallen und Glarus

Fahrzeit:
2 h reine Fahrzeit für gemütliche Fahrer, die zwischendruch auch mal Pause machen. Zusätzlich 30 Minuten für den Rückweg von Mühlehorn nach Murg.

Veloroute:
Nr. 9 «Seen-Route» zwischen Murg und Weesen, von Weesen nach Betlis kein offizieller Veloweg

Velokarten:
Velokarte 12 «Glarus-Schwyz», Verlag Hallwag Kümmerly+Frey, Massstab 1:60 000

Schwierigkeitsgrad:
Leicht – breite Velowege, teilweise asphaltiert, auch mit Citybike möglich. Mehrere Tunnels, Licht mitnehmen!

Höhenmeter:
Zwischen Mülital und Süstli stehen kurze, aber steile Aufstiege und Abfahrten (bis 25 % Gefälle) auf dem Programm – ca. 70 m bergauf und bergab.

Velosaison:
Die Strecke ist von Anfang April bis Ende Oktober gut befahrbar.

Anreise ÖV:
InterRegio Zürich – Chur bis Ziegelbrücke, weiter mit dem Regionalzug nach Murg

Anreise Auto:
A3 Zürich – Sargans bis Ausfahrt Murg. Weiter auf der Seestrasse bis zur Abzweigung ins Dorf Murg. Parkplätze gibt's beim Bahnhof.

Zurück zum Ausgangspunkt:
Von Betlis nehmen wir das Schiff bis Mühlehorn (Anmeldung am Vortrag notwendig: Tel. 081 720 35 45 – an schönen Wochenenden in der Hochsaison ist manchmal der Platz für Velos auf dem Schiff knapp). In Murg legt nur das kleine Schiff nach Quinten an. Ab Mühlehorn Regionalzug oder Rückfahrt von Mühlehorn nach Murg mit dem Velo.

Velomiete:
Beim Bahnhof Ziegelbrücke können Countrybikes gemietet werden.

Attraktionen für Familien:
Badebuchten beim Campingplatz westlich der Linthmündung sowie zwischen Weesen und Betlis, wo es auch ein schön gelegenes Strandbad gibt.

Weitere Auskünfte:
Tourismus Amden-Weesen
Dorfstrasse 22, 8873 Amden
Tel. 055 611 14 13
www.amden.ch

Oben: Sonnenterrasse Ämpächli
Mitte: Suworowhaus in Elm
Unten: Unterwegs im Sernftal

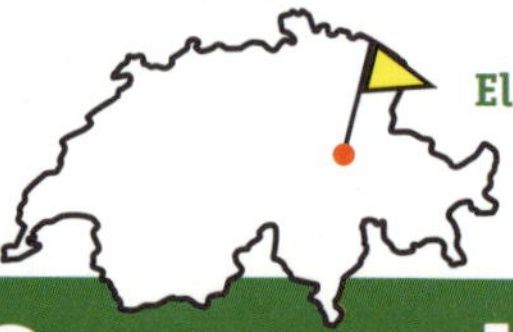

Elm (GL)

Auf den Spuren des russischen Heers

Am 5. Oktober 1799 lag auf den Bergen bereits der erste Schnee, als sich entlang des Flüsschens Sernf ein endloser Zug von russischen Soldaten bergaufwärts bewegte. Dem 20 000 Mann zählenden Heer ritt der russische Feldmarschall und Fürst Alexander Wassiljewitch Suworow (1730–1800) voran.

Während Suworows Soldaten die Wintervorräte der Elmer plünderten, beschlagnahmte er für sich das beste Haus im Dorf. Heute erinnert der Sernftaler Suworow-Weg und das vorbildlich restaurierte Suworow-Haus an den kurzen und ungeliebten Aufenthalt der Russen in Elm. Doch nicht nur die Russen haben den Elmern in der Vergangenheit arg zugesetzt. Am 11. September 1881 kollabierte auch noch der Berg und begrub 114 Menschen unter den Schuttmassen.

Spannende Abfahrt als Auftakt

Wir begeben uns auf die Spuren des russischen Heers und durchqueren auf dem gleichen Weg wie einst die Soldaten das Glarner Sernftal.
Ausgangspunkt für unser kleines Bikeabenteuer ist der Ferienort Elm. Zunächst heben wir ab, und zwar mit der Gondelbahn in Richtung Ämpächli. Das Bike wird an die Gondelbahn angehängt und die Transportkosten betragen wenige Franken. Oben angekommen, geniessen wir die Aussicht und eine Erfrischung auf der Sonnenterrasse des Bergrestaurants. Die bequemen Strandkörbe lassen uns fast vergessen, dass wir noch aufs Velo steigen müssen.
Als Erstes winkt eine spannende Abfahrt über viele Haarnadelkurven hinunter ins Bergdorf Elm. Dabei

Bei Trämligen überquert der Glarner-
bus den wilden Sernfbach.

1991 erhielt das Bergdorf Elm den bedeutenden Henri-Louis-Wakker-Preis – eine Auszeichnung für die schönsten Ortsbilder der Schweiz.

entdecken wir in den Bergen das Martinsloch, wo zweimal im Jahr (am 13./14.3. um 8.53 Uhr und am 30.9./1.10. um 9.32 Uhr) die Sonne durch den Fels ins Dorf hinunterscheint. Unser Weg mündet unterhalb der grossen Abfüllhalle für das bekannte Elmer Citro in die Kantonsstrasse. Wir überqueren diese und unternehmen eine kleine Rundfahrt durch den Dorfkern mit seinen prämierten Holzhäusern und dem prächtigen, aus Stein erbauten Suworowhaus, das seit der russischen Invasion dieses Namen trägt.

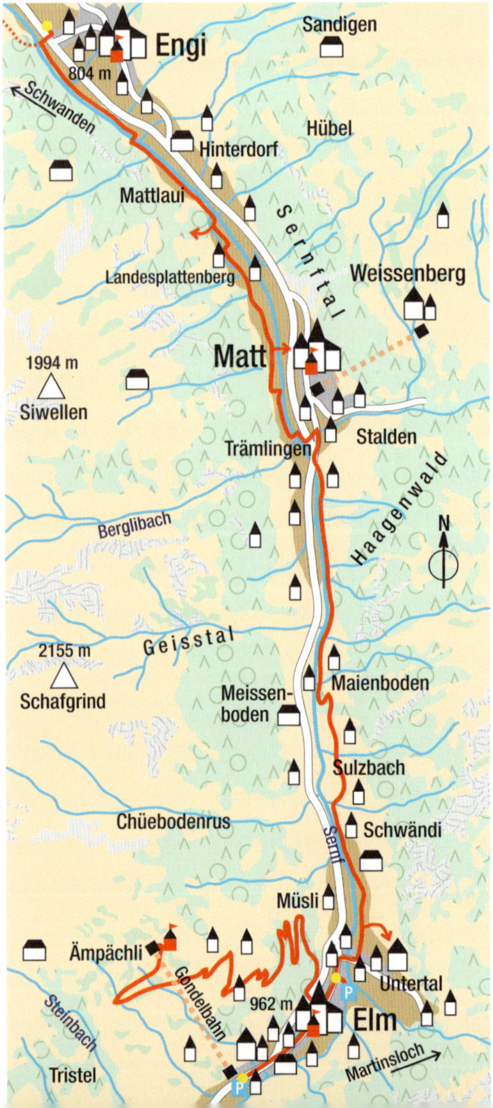

Munter sprudelndes Wasser

Kurz vor dem stillgelegten Bahnhof Elm – bis 1969 endete hier das Trassee der inzwischen abgebrochenen Sernftalbahn – zweigen wir rechts von der Dorfstrasse ab und überqueren den Sernfbach. Unmittelbar danach entdecken wir den ersten Velowegweiser, dem wir links in eine Seitenstrasse folgen. Schon nach wenigen Metern beginnt die Naturstrasse, die an zwei gigantischen Felsblöcken vorbeiführt, sie erinnern an den verheerenden Bergsturz von 1881. Unserem Fahrweg folgen wir talabwärts zum Weiler Schwändi und weiter zum Fluss hinunter. Das munter sprudelnde Wasser, der angenehme Weg und die herrliche Sicht auf die Berge machen unsere Velotour zum Genuss. Da und dort laden Ruhebänke zu einer Pause ein. Bald ist Trämligen, ein Ortsteil von Matt, erreicht. Nach nur wenigen Metern auf der Dorfstrasse biegen wir rechts ab, unterqueren die Umfahrungsstrasse und wenig später die Sernf. Die umfangreichen Verbauungen lassen unschwer erkennen, dass die Bewohner immer wieder mit den Wassergewalten zu kämpfen haben. In Fahrtrichtung links pedalen wir nun weiter flussabwärts bis Engi, wo der Weg auf einem kurzen Stück etwas schmäler wird und die Sernf erneut auf einem schmalen Steg überquert wird. Falls wir hier unsere Bikerlust befriedigt haben, fährt uns der Bus wieder nach Elm oder Schwanden zurück. Alle, die noch mögen, begeben sich wieder auf die andere Talseite und fahren hoch über der Sernfschlucht auf dem Forstweg weiter. Ein kaum spürbares Stück bergauf und die langgezogene Lichtung von Wartstalden ist erreicht. Nun geht's durch den Wald über Lochstein bergab nach Schwanden. Erst auf den allerletzten Metern folgen wir noch der Hauptstrasse bis zum Bahnhof.
Wenn das Auto in Elm steht, fahren wir mit dem Bus zurück und laden später die Bikes in Schwanden auf.

Breite Schotterwege, ideal für Countrybikes

Uriges Tal, wilde Berglandschaft

Informationen

Veloregion:
Sernftal / Glarnerland

Fahrzeit:
30 Minuten für die gemütliche Talfahrt vom Ämpächli nach Elm, 1 h 30 min von Elm über den Suworow-Weg nach Schwanden

Veloroute:
Wir folgen dem beschilderten Veloweg Nr. 83 «Suworow-Route».

Velokarten:
Velokarte 12 «Glarus-Schwyz», Verlag Hallwag Kümmerly+Frey, Massstab 1:60 000

Schwierigkeitsgrad:
Leicht – meist breite Forstrassen und Naturwege, die nicht asphaltiert sind. Wir benützen ein Country- oder Mountainbike. Die Bergstrasse vom Ämpächli nach Elm hinunter ist grösstenteils asphaltiert.

Höhenmeter:
Steile Abfahrt (517 Höhenmeter) vom Ämpächli nach Elm – Familien achten darauf, dass die Kinder nicht zu schnell werden. Auf der Suworow-Route geht's meist moderat bergab (478 Höhenmeter). Einzige Ausnahme: zwischen Engi und Wartstalden 37 m bergauf.

Velosaison:
Das Sernftal ist von ca. Mitte Mai bis Ende Oktober schneefrei. Die Gondelbahn fährt nur während der Hochsaison täglich, in der übrigen Zeit am Wochenende. Fahrplan beachten!

Anreise ÖV:
Von Zürich mit dem InterRegio «Glarner-Sprinter» bis Schwanden, weiter mit dem Bus zur Talstation der Sportbahnen in Elm.

Anreise Auto:
A3 (Zürich – Sargans) bis Ausfahrt Niederurnen, weiter über Glarus und Schwanden bis Elm. Parkplatz bei den Sportbahnen.

Zurück zum Ausgangspunkt:
Mit dem Bus von Schwanden zurück nach Elm

Velomiete:
Rhyner Sport in Elm
Tel. 055 642 13 41

Attraktionen für Familien:
Hüpfburg und Goldmine für Kinder auf dem Ämpächli, Trottiabfahrt vom Ämpächli

Weitere Auskünfte:
Elm-Sernftal Tourismus
8767 Elm
Tel. 055 642 52 52
www.elm.ch
www.sportbahnenelm.ch

Wer alle 30 Touren gemacht hat, kennt sicher auch dieses schöne Dorf? Wenn nicht, dann haben wir vielleicht die Tour auf Seite 108 verpasst?

N
Basel
Rhein
Aarau
Olten
Hallwil
Solothurn
Aare
Biel/Bienne
Bieleree
Lac des Brenets
La Chaux-
de-Fonds
Neuchâtel
Lac de Neuchâtel
Murtensee
Bern
Fribourg
Yverdon
Thun
Thunersee
Brienzers
58
46
54
48
Interlaken
Grindelwald
Lac de Joux
32
38
42
Eiger,
Mönch und
Jungfrau
Lausanne
Lac Léman
Vevey
Brig
Sierre
Sion
18
12
8
Dents du Midi
Genf
Martigny
Zermatt
Matterhorn